種籽文化

種籽
文化

想改運，
就從改變自己開始

劉一新　著

俗話說：「人強不如命強，命強不如運強；人來運，連城牆也擋不住。」
是什麼改變了這一切，真的是「運」！而又是什麼改變了「運」，其實就是我們自己。

你要知道，運勢一直在你的手裡，而不是在別人的嘴裡；
人的運勢在於自己，選擇什麼樣的自我，
就會得到什麼樣的結局。讓我們自己來掌握自己與改變自己的運勢吧！

目錄

CONTENTS

CONTENTS

第三章　朝著最深最遠大的目標 193

是什麼改變了這一切，真的是「運」！

而又是什麼改變了「運」，其實就是他自己。

我們每一個人都承襲著上一代甚至是上幾代的「運」，而我們的「運」也會延續到下一代甚至是好幾代後；死亡代表的是命的結束，生命的句點，卻不是運的結束，命也許在你出生的時候就已經決定了，決定你會生在哪裡，決定你的父母是誰，但是運卻是在你出生之後才決定的，而且是由你決定。所以，從古至今都有人想改運，卻沒人敢改命。

一命、二運、三風水、四靠讀書、五積德，人的成就源自於此，上天不會幫你決定一切，老天爺忙得很哪有空管這麼多，決定了你們這麼多人的「命」已經很累了，「運」你自己決定吧，至於風水、讀書、積德就通通自己看著辦。

人的運勢在於自己，選擇什麼樣的自我，就會得到什麼樣的結局。讓我們來掌握自己與改變自己的運勢吧！

第一篇

想改運，必須改變觀念

觀念決定我們的行為，行為就會造就我們的運勢。要有好的運勢先要有好的觀念，如果對世間充滿了嫉恨，清靜的佛土也會變成煉獄；懷抱愛心對待世上一切，生活快樂，污穢的娑婆就是美麗的淨土。因此，除去不正確的觀念，建立正知正見，化自暴自棄為積極向上的力量，好運就會跟著來。

第一章　大智若愚

提起大智若愚這四個字，有些人認為這是用來避免嘲笑的掩飾。現代社會競爭之激烈，已經容不得人再去「若愚」，如果不是真的愚，何苦要「若愚」？然而，真正的智者是「若愚」的，他們將自己的智慧藏起來，是為了明哲保身。讓別人以為自己無能，讓人忽略自己的存在，是為了在這個紛擾的世界享受難得的寧靜，不讓自己身陷名利和是非的漩渦中，無法安寧；這是不同於小聰明的大智慧

人是群體的動物，要在群體中生存的很好，並非站在顯眼的位置就是好，重要的是自己能融於其中。在充斥著嘈雜與是非的社會，明哲保身，將智慧深藏，喜怒不形於色，適當的示弱，用讚美滿足人們的虛榮心，以自嘲解圍，忽略別人尖刻的評論，心境隨之平順，運也會隨之平順。

樹大必招風

身邊似乎總有一些這樣的人，他們經常展現自己的鋒芒和力圖顯示比其他人要聰明伶俐。但他們忘了，鋒芒太露的結果是容易招忌與受害。鋒芒如果閃耀得恰到好處，那麼給人的感覺是溫暖；但鋒芒如果太盛，就會刺傷了別人，最後讓自己也受到傷害。

漢武帝執政時，由霍氏兄弟－霍去病、霍光擔任大將軍之職。漢武帝死後，霍光執掌了大權，先後輔佐了漢昭帝，並擁立漢宣帝，成為朝中重臣。朝廷上下都對他敬畏三分。為了報答霍光擁立自己坐上皇位的恩德，漢宣帝在登基後，讓霍光擁有了執掌朝政的權力，並賜給霍光家族許多特權。在這樣的皇恩之下，霍光一家開始驕橫奢侈，漸漸不可一世。

有人見此指出：「霍氏必亡，凡奢侈無度，必然傲慢不遜；傲慢不遜，必然冒犯主上，冒犯主上就是大逆不道。」身居高位的人，必然會受到別人的嫉恨。霍氏一家所擁有的權力，無疑將遭到很多人的嫉恨，而嫉恨的力量足以使之滅亡。霍氏身居高位，為了能一直享有這樣的權力，必然會排斥異己，這樣就會深受同僚及下屬的嫉恨，何況又獨攬朝政，傲慢侮上，所以霍氏必亡。

果然，霍光病故後，漢宣帝從霍家手中拿回了執政的權力，這使霍家心存異念。於是，霍光的妻子和兒子們密謀策劃，妄圖廢掉皇帝，重溫朝政完全由霍家執掌的美夢。結果陰謀敗露，霍氏全族被誅殺。曾經權傾朝野的霍氏一族，剎那間歸於塵土。

霍氏一族鋒芒太盛，本就招人豔羨，惹了一身的嫉妒。即使自己不走錯路，也有很多人在等著抓其把柄，甚至是製造把柄去扳倒他們。而樹大了，心也跟著膨脹了，這就意味著衰敗的開始。

古人曾說過，明哲保身的最好辦法是「去鋒」。做人應該喜怒不形於色，切忌鋒芒太露。鋒芒太露，一般都不會有什麼好下場。三國楊修因鋒芒太露，最終死於曹操之手；岳武穆也因鋒芒太露，最終魂斷風波亭；李太白因鋒芒太露而難以見容於官場。大象因寶牙而被人擒，蚌因有珍珠而遭剖，鸚鵡因會學人說話而被困，犀牛因角貴而招致殺身之禍……太露的鋒芒就像是一支突起於桌子上的釘子，容易讓人看了不順眼，總想用鐵槌把它給敲下去。所以說「去鋒」是很好的自保之術，再怎麼聰明也都要懂得掩飾，如此才能在現實生活中少跌幾個跟斗。

戰國時期的韓非和李斯都是著名的人物，韓非和李斯的老師是當時的名士荀子。韓非的思想見解都非常獨到，但在表達上卻有些欠缺，短於遊說；而李斯的口才卻十分好，常常口若懸河，是一個辯才超群的人。

一次，荀子對兩人說：「李斯才露於外，韓非才藏於內，將來官位顯貴者非李斯莫屬了。」

李斯聽了，非常得意。

然而，私下裡，荀子卻單獨對韓非說：「得我真學者，只有你一人而已。論智論計，李斯不是你的對手。但正是因為你太聰明，所以我不能公開的讚揚你，這樣會使他對你心存嫉恨，怕是對你做出什麼不利的事情來。你切不可與他來共事。」

對於老師的話，韓非似信非信。

後來，李斯到秦國遊說。他超群的辯才得到了秦王嬴政的賞識，於是封他為丞相。但有一天，秦王無意中讀到了一篇文章，叫《孤憤》，不禁連聲叫好；而這篇文章的作者正是韓非。為了得到這個人才，秦王不惜舉兵入侵韓國，向其君主索討韓非。

李斯見到韓非來到秦國，頓時緊張了起來。他怕嬴政對韓非委以重任，於是私下裡偷偷跟韓非說：「秦王看起來是很賞識你，但你不要為之迷惑，這只是表面現象罷了，他只是想藉此讓韓國失去你這個人才。我們是同門好友，不忍心見你身陷困境，你如果不願留在這裡，我可以助你逃走。」

聽了這番話，韓非方才領會到老師所言之準確。於是他故作慷慨說：「我來秦國，並不是因為秦王的邀請，而是為了救韓國於水火之中。秦王的兵還在韓國，我怎能為了自己而置其於不顧？你的好意，我只有心領了。」

李斯眼見一計不成，又生一計。他面見秦王嬴政，說：「韓非是韓國的公子，他心在韓國，對大王是敢怒不敢言，他怎麼會真心的效力大王呢？的確，他是一個罕見的人才，但是如果將來他為韓國所用，對秦國來說，就是莫大的禍患了。為了防患於未然，還是現在就把他殺了，以絕後患！」

秦王被李斯的話所欺騙，當真下令將韓非打入死囚。李斯怕秦王冷靜了下來會反悔，正在煩惱之際，其心腹手下為他出了一個主意：「大人手握大權，自可把韓非斬殺。此事即使將來被秦王知曉，但有令在先，他也拿大人沒有辦法。」

聽從了心腹手下的建議，李斯於是派人給韓非送去毒酒，意在逼其自殺。韓非舉杯哀嘆說：「先師之言，今日果然應驗了。你這無恥小人，無計可施，便害我致死，卻是非君子所能測度的了。」

最終，韓非被自己的才華所招來的嫉妒而送了命。

韓非的鋒芒是很難被遮掩的，即使只是隨手的一篇文章，都閃爍著睿智的光芒。一旦成為了大樹，馬上就招來了風；所以，樹大未必是好事。

因此，做人不可鋒芒太露。切記樹大招風的古訓，經常保持清醒的頭腦，謹言慎行。如此，才能使自己的人生之路變得綿長而悠遠。

以弱示人才是強人

一直以來，傳統的教育都在告訴我們要堅強，要勇敢，要勇於面對。眼淚是最沒有用的東西，代表著懦弱，所以要「有淚不輕落」。這是個弱肉強食的社會，適者生存，所以一定要不斷武裝自己，讓自己變得強大，這樣才能不會被淘汰。

但是，強大就真的是生存真理嗎？

幾億年前的地球上，不僅生存著體積龐大的恐龍，還生存著體積小而纖弱的蜥蜴。那時的恐龍以強者之姿主宰整個地球，但是時至今日，我們卻再也看不到恐龍的蹤跡，而在大自然裡，在公園內，甚至在某個人的家裡，都還看得見蜥蜴的存在。

強者亡，弱者生；恐龍龐大的體積是牠強大的資本，卻也使牠不便保護自己；而蜥蜴小巧靈活，雖然纖弱，卻得以在大自然的優勝劣汰中存活下來。

海灘上有兩種不同的藍甲蟹，一種性兇猛，對危險從來都不知躲避，遇到誰都敢開戰；另一種則性溫和，不善抵抗，屬於見誰躲誰型，一旦遇到敵人，便翻過身子，四腳朝天，任敵人怎麼叼牠、踩牠，牠都不理也不動。但時間又對強者開了一個玩笑，強悍兇猛的藍甲蟹越來越少，成為了瀕危動物，而較弱的藍甲蟹，反而繁衍昌盛，遍布世界許多海灘。

動物學家研究，解開了這個強亡弱存的謎底。強悍的藍甲蟹因為好鬥，沒敵人的時候就跟自家人鬥，於是在自相殘殺中首先滅絕了一半；而對敵人所採取的不躲政策，使其又喪生於敵人之口。軟弱溫和的藍甲蟹卻因為懦弱的迴避，而保護了自己。

所以，達爾文告訴我們生存的遊戲規則是「適者生存」，而非「強者生存」。

只要是適應生存的方法，我們都可以選擇，都可以採用，示弱未嘗不是一個好的選擇。

將自己的弱展示出來，能讓別人更瞭解你，而不是認為你無所不能。示弱可以減少乃至消除不滿或嫉妒，示弱能使處境不如自己的人保持心理平衡，而減少或抵消你前進路上可能產生的不好因素。甚至可以激發他人的同情心，這樣就更能幫助你度過困境了。

心理學家曾經做過一項這樣的實驗調查，他們讓一名彪形大漢和一位走路蹣跚的老人走過擁擠的馬路。結果發現，願意給彪形大漢讓路的車輛不到一半，發生危險的機率也很高；但願意給老人讓路的車輛卻幾乎達到百分之百，大家都減慢了速度，還有人願意扶著老人家過馬路。

人類對弱者天生是有一種同情心的，只是這種同情在很多時候，由於種種因素的限制，而被掩蓋了起來。當你在人前示弱，在某種程度上來說，也許是某一方面的失敗，但是卻容易激發人類內心的同情惻隱之心，這將是你從失敗中走出的轉機。

強者容易招惹嫉妒，而緩和這種矛盾的方法之一，就是適當的示弱。強者在生活的舞台上已經處於有利地位，因此在其他涉及小名小利方面的事，不妨有所淡漠，有所放棄，否則到頭來，必會因小失大。從這個意義上說，一個真正甘心示弱的人，必是一個以事業為重而勇於負責的人，一個豁達大度、寬宏大量的人，一個充滿人情和智慧的人。

強者示弱，對雙方都是有利的。因為強者甘心示弱，以弱者的姿態行事，別人也會願意接受，如此，則強者才有機會成為長久的贏家，並令強者更強。而強者的放低身段、降低姿態，也會讓弱者充分感受到人格上的平等，並獲得充分的人格尊重，而在心平氣和中向強者學習。

示弱是一種靈性的覺醒，是一種智慧的顯現。

東漢末年，劉備便是利用「示弱」這個幌子。

當時，曹操挾天子以令諸侯，正是財厚勢大之時，劉備雖為皇叔，卻勢單力薄。為防曹操對自己加以謀害，劉備天天都在田裡種菜，以為韜晦之計。連關羽和張飛都被其所騙，以為甘願做一介草夫。

一天，劉備像以往一樣正在田裡給菜澆水。這時，曹操派人來請劉備到小亭青梅煮酒。席間，曹操藉烏雲密布，大雨將至之時，大談龍的品行，又將龍比作當世英雄，之後更單刀直入地說：「今天下英雄，惟使君與操耳！」劉備一聽，吃了一驚，手中拿的筷子，也不知不覺地掉到地上。適逢大雨傾盆而下，雷聲大作，劉備靈機一動，從容低下身拾起筷子，解釋說是因為害怕打雷，才掉了筷子。劉備以此方式向曹操示弱，使曹操認為自己是個胸無大志，膽小如鼠的庸人。於是，「操遂不疑玄德」。

劉備以他一時的隱忍和示弱，消除了曹操對自己的疑慮，為自己將來的霸業掃除了隱患。

示弱，是為了能走得更遠；竹子如果在狂風前不甘示弱，不願彎下它高貴的腰，那麼最後只能面臨夭折的命運。只有隨著風低下「頭」，才能在狂風過後，依然昂首挺胸。

有一名瑞典的登山者，跟隨其餘十二名同伴，一起去登珠穆朗瑪峰。登山隊以自行車代步，歷經千辛萬苦，終於來到了喜馬拉雅山的腳下。登山按照計畫進行，一切都很順利，已經快登上峰頂了，眾人也沒遇到什麼危險。但這名瑞典登山者卻毅然決定放棄，返身下山。他做出這個決定的原因在於，他預計的返回時間應該是下午二點，雖然他僅需四十五分鐘左右就能登頂，但那樣他會超過安全返回的期限。同行的另外十二名登山者仍決定向上攀登，但他還是放棄了。他說，在變幻莫測的大自然面前，有時候必須明智的選擇示弱。

後來，其餘的十二名登山者都到達了頂峰，但因為錯過了安全返回的時間，最後葬身於暴風雪中，不得不讓人嘆息。

人如果始終抬高著頭，不願低頭示弱，總有一天會吃大虧的。如果那名瑞典登山者不是懷著對大自然的敬畏，甘心向它示弱的話，那麼他的生命也將如其他登山者一樣，終結在美麗卻危險的珠穆朗瑪峰上。適當選擇示弱的人，是聰明於世的人，因為示弱是為了獲得更強的動力。

示弱不是軟弱，而是一種人生的清醒和智慧。如果你的強者風範讓你四面碰壁，頭破血流，那麼請你試著以弱者的姿態行事，也許你會發現，那些曾經一度阻攔你的人反而會給你讓路。人如果能經常以一種弱者的姿態出現，以弱者的面貌去把握自己，那麼將有可能變得更強，贏得更久。

自嘲能為自己解圍

還記得《伊索寓言》那隻吃不到葡萄說葡萄酸的狐狸嗎？

從前有一隻狐狸，牠好幾天都沒有吃東西，餓得快前胸貼後背了。牠不停地尋找吃的東西，但什麼吃的也沒找到，狐狸又累又餓，倒在地上不想動了。突然，牠發現前面不遠的山坡上有一座葡萄架，上面結了很多葡萄，就像一串串紫色的水晶，在陽光的照耀下閃爍著誘人的光芒。

狐狸興奮極了，從地上爬起來，以最快的速度來到葡萄架下。看著那晶瑩剔透的葡萄，狐狸的口水流了下來。可是，葡萄架太高了，狐狸踮起腳尖，伸長前爪，但還是差一大截！這可如何是好？肚子在咕咕咕的叫喚，但眼前的美食卻入不了口。

「不行！我不能就這麼放棄，一定要想辦法吃到這美味的葡萄，我快餓壞了啊！」狐狸想著，轉過身，四處轉了轉，找回來一根樹枝，想用樹枝把葡萄敲下來。牠舉起樹枝，想把葡萄打下來，卻還是搆不到葡萄。

忙了大半天的狐狸，更加餓也更加累了，但葡萄還是高高的掛在葡萄架上，一顆也沒掉下來。狐狸有氣無力地癱倒在葡萄架下，望著架上的葡萄，自言自語的說：「算了，這有什麼，這些葡萄一定是酸的。」

有些人做不成事，就藉口說時機未成熟。可是如果我們換一個角度看，就會發現，這隻狐狸是在自嘲為自己化解尷尬。狐狸得不到那些葡萄，心裡不免有些失望和不滿，如果這樣的失敗還被別人看到的話，那麼一定會更加的難堪。但牠卻用「那串葡萄一定是酸的」來解嘲，使失望和不滿化解，使失衡的心理得到了平衡，也使自己抽離了尷尬的境地。

人無完人，一個人總會有缺點，有不足的時候，有失誤的時候。有的人喜歡遮掩，有的人喜歡辯解。其實越是遮掩，心理越是失衡，越是辯解，卻會越描越黑，最佳的辦法是學會嘲笑自己。

古時候，有個學士姓石，一次騎驢的時候，竟然不慎摔了下來，湊巧當時還有一大堆的人看見，這可真是丟臉的事。如果是其他人，可能大多都會不知所措，只知道趕緊爬起來，然後儘快離開，不去理會眾人的哄笑。但是這位石學士卻不慌不忙地站起來說：「虧我是石學士，要是瓦的，還不摔成了碎片？」一句妙語，聰明的石學士，在這自我解嘲裡免去了難堪。

所以當我們遇到尷尬的處境時，請先不要想著如何去逃避，而是坦然的面對它。試著用自嘲的方式創造出幽默的氛圍，不僅能有效地擺脫自己的尷尬處境，同時也能給他人帶來輕鬆的體驗，而獲得好感與認同，氣氛頓時緩和下來。

雷根在就任美國總統期間，曾經有一次去加拿大進行國事訪問。按照慣例，雷根需要發表演講。但是演講才剛開始，雷根的講話就被反美示威的群眾的高呼和詰難所打斷。雷根陷入了一種尷尬窘迫的境地，加拿大總理皮埃爾•特魯多對此感到很為難。然而雷根卻笑著對他說：「沒關係，這種事情在美國常有發生，我想這些人一定是特意從美國來到貴國的。他們想要讓我有一種賓至如歸的感覺。」特魯多聽完此話，臉上頓時露出了笑容。而場下的人群聽到雷根這樣說，也就安靜了下來，演講得以順利的進行。

自嘲是一種對待人生的態度，是一種生活的藝術。它具有改變生活和調整自己的功能，不但能給人增添快樂，減少煩惱，還能幫助人認識真實的自己，戰勝自卑的心態。

但是自嘲不是自輕自賤，要學會自嘲，首先要有自謙和自信心。只有謙虛並且自信的人才能承受別人的嘲弄以及自己對自己的打擊。只有瞭解自己，愛自己的人，才能坦蕩地用自嘲替自己解圍。所以，當你以後再遇到別人的冷嘲熱諷，或是不小心出了差錯，引來別人的嘲笑，請「自嘲」，它會帶你走出尷尬，走出窘境。

讚美別人就是提升自己

一提起虛榮這個詞，人們總是會聯想到「愛慕虛榮」之類的貶義詞。但是，當我們在指責別人愛慕虛榮的時候，有沒有發現，自己對虛榮也是有滿足的慾望的呢？只是礙於被人在背後指指點點，於是才拚命壓抑著自己想被滿足的虛榮心。

閻羅王掌管陰間，一冊生死簿在手，人的命運只在起落之間。

有一天，閻羅王覺得無聊，於是命令手下的小鬼：「你們到人間走一趟，把那些花言巧語、善弄唇舌的人給我抓來，我要把他們放在油鍋裡好好炸一下，省得他們在世上不務正業，就知道成天花言巧語的去煽動別人，使得越來越多的人迷失了本性，誤入岐途。快去快去！」

小鬼不敢怠慢，趕緊應了一聲：「是，小的遵命！」

小鬼很快就離開陰間，去往人間捉拿花言巧語之人了。

過了一會兒，小鬼抓了一個人回來。

閻羅王大吃一驚：「嗯？怎麼會這麼快？你有沒有抓錯啊？」

小鬼連忙回答說：「沒有沒有，怎麼會抓錯呢？這種人滿街都是，隨便一抓就一個。大人若是不信，可以親自審審他，看他怎麼說。」

於是閻羅王就開始審問，不巧的是，還沒開始審問，閻王老爺就先放了一個響屁，剎時地府裡臭氣沖天。

被抓的男人見此情形，靈機一動，在閻羅王面前，恭恭敬敬鞠了一個躬說：「啊！大王果然不是一般的凡夫俗子，就連放個屁都是如此美妙！聽起來好比是一首優美的樂章，同時還有麝香和蘭花的芬芳。真是此屁只因地府有，人間哪得幾回聞啊！」

閻羅王聽了，十分高興，不由說道：「嗯！看來你還挺瞭解王者的尊貴，這樣吧，我赦免了你。喂！小鬼，把這個男人帶到內殿去，好好地招待他！」

小鬼聽令，準備把那個男人帶去內殿。

那男人跟在小鬼後面，嘴也沒閒著，一邊走一邊說：「你的相貌不凡，儀俵也與眾不同，你頭上的兩隻角彎彎的像月亮一樣光滑美麗。還有你那閃著光輝的眼睛有如碧空裡的兩顆流星。如此面相之人，將來一定會飛黃騰達呀！」

小鬼聽了，心裡自是樂開懷，他轉過身來對那個花言巧語的男人說：「大王正吩咐他們準備宴席呢，估計還有一段時間。不如你先到我家休息一會兒，喝杯茶，歇歇腳，好嗎？」

看來，即使是神靈，也少不了虛榮心，也少不了被人讚美的渴望，何況是我們這些凡夫俗子呢？

人人都是有虛榮心的，大家都希望自己能得到讚美。世界上的人大都愛聽好話，沒有人喜歡被別人指責。沒有人不喜歡聽讚美的話，世界上最動聽的語言就是讚美。哪怕只是一句簡單的讚美，也會讓聽的人覺得舒服、開心，而自己也會得到別人的喜愛。一個善於發現別人長處、善於讚揚別人優點的人，絕不是單方面地給予和付出，所以用讚美予人於己都是一件好事。

有個婦人買了一套很漂亮的沙發，但是價錢也十分昂貴。婦人本是勤儉之人，雖說沙發好看，但那麼一大筆錢就這麼花了出去，還是覺得有些心疼。

過了幾天，有一位朋友來拜訪她，看到她新買的沙發後，隨口問起了價錢。當她聽到那個數字之後，不禁大叫了起來：「呀！怎麼會這麼貴？我看妳肯定是被人給騙了，不就是一套沙發嘛，也不是金子做的，怎麼可能賣那麼高的價錢呢？」婦人也知道她說的是實話，但是聽她這麼說，頓時還是有一種被羞辱的感覺，下意識的就想要為自己辯護，說些「一分錢一分貨」、「物有所值」之類的話。但心裡還是感覺受傷了。

隔天，又有一位朋友來看她。這位朋友一看到那套漂亮的沙發，立刻就對女主人說：「這沙發真漂亮啊，坐著也舒服，妳可真是識貨！」婦人聽了，心裡高興之餘也不免暗自得意：「是挺漂亮的，雖然有點貴，不過沒辦法，看見它就捨不得走了，只好把它給買回來了！」

自從那件事以後，每逢婦人又新買了什麼東西，就會請第二位朋友到家中觀賞，同時做一桌的飯菜招待她。而兩人的友情更是上了一層樓，成為了生活中能互相幫助的好朋友。

兩個朋友對同一套沙發所發表的言論不同，女主人的心情感受也不同。與其讓人難受，何不用讚美去肯定呢？他人的心情開心，自己也得到別人的信任和喜愛。

讚美，是對別人的尊重和評價，也是送給別人的最好禮物和報酬。它表達的是我們的一片善心和好意，傳遞的是我們的信任和情感，化解人的隔閡和摩擦。

當然，讚美並不是刻意的奉承，也不是不明所以的人云亦云。適當的讚美，能夠很自然地贏得對方友好的回報。有的人總是抱怨別人不熱情，但當你試著讚許對方，總能換取對方同樣的態度。而且，讚美不需要任何的物質成本，但卻是人生中最能令對方溫暖卻最不令自己破費的禮物。它所產生的價值更不是金錢所能衡量的。

所以，請不要吝嗇你的讚美，用你的讚美去滿足人類生來就有的虛榮心，當然，凡事都不能過度。如果讚美的話語過了頭，那麼很有可能會讓對方的虛榮心發生過度膨脹。

喜怒形於色是非常危險的

喜怒哀樂，是人與生俱來的基本情緒，然而，現實社會卻容不得我們恣意表現出來。

在楚漢相爭時期，韓信曾經是劉邦手下的一名悍將，與項羽爭天下奪霸權。但隨著韓信的屢戰屢勝，政治野心也跟著膨脹了起來。派人面見劉邦，要求封自己為王，劉邦一聽，自是怒不可遏。

當時，劉邦正值屢敗於項羽，兵被困滎陽之際，於是斥道：「我久困於此，本是滿心希望他前來救我於水火之中，怎料他竟會起了叛心，要自立為王？」

正待進一步的發作，一旁的謀士張良急忙勸他說：「現在形勢於我們十分不利，就算韓信要自立為王，我們也沒有辦法阻止他。不如先順水推舟先答應了他，使其自竊，否則說不定會生意外之變，形勢於我們將更為不利。」

劉邦畢竟是王者之才，經張良這麼一提醒，立刻心領神會。於是話鋒一轉，反改口罵道：「大丈夫休做就要做個像樣的王！」還好劉邦平日就有愛罵人的習慣，加上之前的話在銜接上還算自然，信使沒看出什麼破綻。

不久，劉邦派張良作為專使，為韓信授印冊封，穩住了韓信。劉邦得以一心一意與項羽抗衡。

試想，如果當時劉邦真的怒不可遏，對韓信加以懲處的話，一來會減少對抗項羽的兵力，二來容易激起韓信起兵謀反。那麼，今天我們所知道的歷史也許就將被改寫了。劉邦的不動聲色成就了他日後的霸業。

現代社會，人際交往空前複雜，大凡有些閱歷的人，都具有察言觀色的本事。會根據對象的喜怒哀樂來調整相處的方式，並進而順著喜怒哀樂來為自己謀取利益。

有些人聽到讚美，就會不自覺的露出微笑。如果被居心不良的人發現，那麼就會用奉承來接近你，向你要求，甚至對你進行「軟性」的勒索。有些人聽到批評，就會喪失理智，滿腔怒火，那麼就很容易遭到別人的挑撥，讓你在盛怒之下喪失理性，失去風度。而聽到看到某些悲慘事件，立刻就落淚的人，容易被人以種種手段來博取同情心，或是故意打擊你情感的脆弱之處來達到目的。而容易「樂不可支」的人，就容易遭人迷惑，在他人為你營造的快樂之中，掉入事先設好的陷阱之中。

害人之心不可有，但防人之心卻不可無。信任是一個奢侈品，這世上能讓你放心的在他面前又哭又笑，毫不掩飾的人，是少之又少。若想不受太多的是非干擾，暫且把喜怒藏於心又何妨呢？喜怒不形於色，是為了不受到傷害。

鐵血宰相俾斯麥是一個狂熱的軍事好戰分子，主張用戰爭實現統一。然而這樣的一個好戰分子，卻在國會上主張和平。他說：「沒有對於戰爭後果清醒的認識，卻執意發動戰爭，這樣的政客，請自己去赴死吧！等到戰爭結束，看你們是否有勇氣承擔農民？面對農田化為灰燼的痛苦，是否有勇氣承受身體殘廢、妻離子散的悲傷？」

他盛讚奧地利，為奧地利的行動辯護，而這與他一直以來的立場簡直是南轅北轍。那些期待戰爭的議員們迷惑了，受其演說的慷慨激昂所影響，其中的很多人改變了主意。最後，因為俾斯麥的堅持，普魯士最終沒有立即出兵攻打奧地利。

幾個星期後，國王感謝俾斯麥為和平所做出的發言，並委任他為內閣大臣。又過了幾年，俾斯麥成了普魯士首相。誰也沒想到，他很快就對奧地利發動了戰爭，摧毀了原來的帝國，最終用他一貫奉行的「鐵血政策」完成了德國的統一。

人有時候是要學會隱藏自己的真實意圖的。俾斯麥清楚的知道在時機還未成熟的情況下，並不適宜發動戰爭。所以他發表那些言不由衷的演說，目的是為了讓自己獲得足夠的權力和實力。在主張和平這件事上，沒有人發現他真實的居心，因為他把自己隱藏得太好。

喜怒不形於色，是為了隱藏自己。學會了隱藏，才能避免是非，才能有一番真正的作為。隱藏從來就不是一件容易的事。將一件真實的物質找個地方藏，尚且不容易找到合適之所，何況是自己的心？如果你無法為自己穿上一層密不透風的外衣，那麼至少也應該學會不要那麼清澈見底。要知道，一眼就被看穿的人太過於脆弱，輕易就會碎裂。

佛曰：我本無一物，何處惹塵埃？心如止水，生在凡塵俗世，卻與俗世的喜怒情愁，隔著一段距離……

出家人四大皆空，喜怒哀樂在他們的臉上，甚至心裡都沒了顏色。佛門是清靜之地，佛門中人不會輕易惹到凡塵中的是非。曾經，他們中的絕大多數人也只不過是俗世中的一分子，看破了紅塵，遁入空門。彷彿永遠都是淡然的一副表情，你很難看出他們心底真正的顏色。這是涅槃而得的一種境界，在凡塵中修煉出一身喜怒不形於色的本領，最終得以從紛擾中脫身而出。

學會隱藏，學會喜怒不形於色，如此才能有所作為，保有一處平和淡泊的心境。

聰明者外露、智慧者深藏

人們總喜歡將聰明和智慧聯繫在一起，認為聰明的人就是有智慧的人，而有智慧的人就是聰明的人。但是，聰明並不等於智慧。外露的聰明只是小聰明，懂得深藏才稱得上是智慧。

北宋文學家蘇東坡說：「人皆養子望明聰，我被聰明誤一生。唯願孩兒愚且魯，無災無難到公卿。」大觀園中的能人王熙鳳曾經一時翻手為雲，覆手為雨，然而最後卻是「機關算盡太聰明，反誤了卿卿的性命」。

外露的聰明並非一件好事，英國一位哲學家曾說過：「愚者的心在嘴裡，智者的心在胸腔裡。」智慧不是一個戴在臉上的華麗面具，不是老掛在嘴邊的口頭禪，智慧是用來使人生變得踏實的利器。而且，人外有人，天外有人。你聰明，總有人比你還要聰明。一味的顯露自以為是的聰明，實是像坐井觀天的青蛙，不知道天有多高，地有多厚。人要學會把聰明藏起來，這樣的聰明才叫做真正的智慧。

如果你想讓別人同意你的觀點和看法，千萬不要說：「我要證明什麼給你看。」這句話等同於在說：「我比你聰明，我要讓你改變看法。」這實在是個挑戰，無疑會引起反感，爆發一場衝突。在衝突中，你是無法順利達成你的目的的。

你要是真的想證明什麼的話，請別讓任何人知道，要不留痕跡，巧妙的去做。就像詩人波普所說：「你在教人的時候，要讓人覺得你像若無其事一樣。事情要不知不覺的提出來，好像被人遺忘一樣。」

大愚者大智，大智者大愚；這其中的禪意是小聰明者所不能體會的。

知名學府哈佛大學曾經在教學資料中，給學生們講一個這樣的故事：

有一對兄弟，兩人合夥開了一家服裝店。每天，弟弟都站在服裝店門口，負責向行人推銷；而哥哥則坐在店裡的櫃檯，負責報價，這就是他們的合作模式。但是時間長了，大家漸漸發現：這兩兄弟的耳朵似乎不太好，需要高聲講話才聽得見，而最讓人驚訝的是，他們會經常聽錯對方的話。

通常，弟弟在店門口向路過的人推銷，如果有人感興趣，就將其請進店裡，針對某件衣服加以介紹，介紹衣服品質如何好，價錢又是如何公道，穿上之後會既得體又漂亮，獲得大家欣賞的目光和讚歎之聲。

經過這樣大肆的勸說一番之後，顧客總會問說：「這衣服多少錢？」此時，弟弟就把手放在耳朵上問說：「您說什麼？」顧客於是提高聲音，又問了一遍：「我說，這衣服多少錢？」「噢，您是問多少錢呀，您等一下，我問問老闆。實在是不好意思，我的耳朵有點聾，聲音小了就不太聽得清楚，所以才麻煩您再說一遍的。」接著弟弟就轉身去問哥哥：「這位客人看中了這套衣服，要賣多少錢啊？」

哥哥站起身來，看顧客一眼，又看了看衣服，然後說：「那件六十美元。」

「多少？大聲點！」

「六十美元。」哥哥高聲喊道。

弟弟轉過身來，微笑著對顧客說：「先生，您看中的這件衣服賣三十五美元。」

顧客一聽，馬上拿出錢包，買下了這件自以為得了便宜的衣服，並趕緊離去，生怕兄弟倆發現其中的差錯。

但實際上呢？這對兄弟的耳朵一點都不聾。這只是他們的一種促銷手段，借「聾」來製造一種錯覺，讓人們覺得佔了便宜而已。而他們的生意呢？卻是賺的荷包滿滿，這個秘密一直都沒有被人發現。

傻瓜從來都不會承認自己是傻瓜，而真正聰明的人也不會將自己的聰明外露，敲鑼打鼓在人前說自己聰明。他們善於隱藏自己的聰明，讓你一步一步掉入他預先設好的圈套，等你發覺的時候已經來不及了。即使你恨得牙癢癢的說下次再也不會上當，但等你再次與他打交道的時候，他又會想出新的花樣對付你，讓你防不勝防。這樣的人才有真聰明，他們在表面上看不出什麼過人之處，但揭開掩飾的面具，你會發現後面隱藏著大智慧。

隱藏自己的聰明，是一種強化學識、修養的過程，是放棄個人的虛榮心而踏實面對人生的表現，對培養自己處理好各種人際關係的能力與技巧十分有益。細心觀察一下生活，你會發現踏踏實實的人很容易與人共處，而聰明外露的人則沒有什麼太好的人緣。人緣可不是小問題，它的好壞直接影響著你的社交成敗。所以，請不要自以為是的賣弄你的小聰明了。

真正有大智慧的人總是虛懷若谷，不喜歡賣弄炫耀，所以不怕招來嫉妒、攻擊。藏鋒與內斂是一種含蓄，蘊藏著內在的力量。露骨的宣洩、單純的出擊，也許只是一種外在力量的張揚與炫耀，而含蓄則是一種收斂聰明的表現。

正所謂「花要半開，酒要半醉」，凡是鮮花盛開嬌豔的時候，不是立即被採摘就是衰敗的開始。

要如何做到不把聰明外露，將智慧深藏呢？訣竅就在於精明於內，渾厚於外。但是要注意的是，內斂的表現應該是自然天成的，容不得絲毫的偽裝。如果只是偽裝忠厚的面貌，以此來欺騙別人，總有會被識破的時候。

智慧是一種洞察，它不會害己，也不會害人。將智慧深藏於內，你會發現，這比將聰明外露要讓你好過得多。

不要過於在意外界的評論

嘴巴，人體的重要器官；嘴巴，吃飯、喝水、接吻、說話；人體功能涵蓋最廣泛的器官；但是大部分的人都會使用，也最常使用的功能就是說話。世界上有多少個人，就有多少張嘴巴；這麼多的嘴巴不會都說一樣的話，也不會都說好話。

我們都聽過父子騎驢的故事：有一對父子，牽著一頭驢走在回家的路上。剛開始的時候，父親騎在驢背上，兒子牽著驢走。一個路人見到了，說：「真是可憐的孩子，這麼小就要牽驢。」

父親聽了，趕緊從驢背上下來，讓兒子坐了上去。過了一會兒，另一個路過的人又說：「這孩子怎麼這麼不孝？讓父親牽著驢，自己卻心安理得坐著。」

兒子聽了，忙讓父親也坐到驢背上來。本以為這樣就不會再招致非議了，但走了沒多久，又聽一位路人說：「天哪！這兩個人怎麼可以對動物這麼殘忍？可憐的驢子，背都駝了。」

父子倆聽了，就從驢背上下來了。但是，他們徒步走了沒多久，就聽到一陣笑聲：「呵，我絕對不會這麼蠢，好好一頭驢放著不用，卻要用腳來走。」

最後，人們看到了這樣一幅景象，一老一少抬著一頭驢從街上走過。

一人一張嘴，每張嘴巴說出的話都不同，我們應該要聽誰的呢？

其實，人活在世上，少不了要面對流言蜚語，少不了被人指指點點、品頭論足。但人不應該只為別人而活，不能因為別人的三言兩語就影響到自己的生活，甚至去改變自己的生活，以為這樣別人就會停止評論。也許之前評論的停止了，但總會有新的評論，難道你要像故事中的那對父子一樣，不停地去改變自己迎合別人嗎？結果卻還是一個笑話。

外界的評論先不論是否客觀，一旦把別人的話放在了心裡，那麼你將永遠把自己捆綁在別人言語編織的牢裏。

一隻狼餓了，於是到處尋找食物，走到了一戶人家的窗外。聽到屋內一陣孩子的哭鬧聲，接著傳來一位老太婆的聲音：「別哭了啦，再不聽話，就把你扔出去餵狼！」

窗外的狼聽見喜出望外，心想這下可有現成的食物了，於是在窗外等著。等啊等，等到太陽都下山了，也沒見到老太婆把孩子扔出來。

狼實在是等得不耐煩，於是到前門想伺機而入，卻聽到另一個女人說：「孩子快睡吧，別害怕，如果狼來了，我們就把牠殺了煮來吃。」狼一聽，嚇得轉身而逃。

同伴問牠找到吃的了沒，他說：「別提了，今天可真倒楣，竟然遇到一個說話不算話的老太婆，害我白白等了一天，餓死我了！」

很多時候別人對你所謂的評論，其實只是說說而已，說完之後，也就過了。如果你在意了這些評論，不就等於別人已經赦免了你，你卻依然還在受刑嗎？超脫一點吧，不要讓別人的評論左右了你的行動。

一家跨國公司正在招募人才，經過層層篩選，反覆淘汰之後，最後只剩五個人脫穎而出，而確定的消息要等公司高層開會討論之後才能知道。公司的人事部要求這五個人回家去等消息。

過了幾天，這五個人都收到了一封內容相同的電子郵件，上面寫著：「經公司內部決定，閣下落選了，但我們還是非常欣賞你的學識、人品，實在是因為名額有限，此乃無奈割捨之舉。往後公司若有其他職位空缺，一定會優先通知你。」五個人都感到沮喪、傷心，但有一個人在失望之餘，還是花了兩分鐘的時間給公司寄回了郵件，感謝對方給了自己一個機會。結果，那位回覆郵件表達謝意的人，獲得了這家跨國公司的錄用。

這個故事為我們提供了另一個看事情的角度，如果你能換一個角度，不要一味的糾結於別人的評論所帶給你的消極情緒，而是積極面對，把別人的言論當作是一種激勵，一種變相的提醒，那麼你就會心存感激。人的感激是陽光，照亮自己的同時，也會給別人送去溫暖。而這才是化解別人的良方，也是超脫於世的最高境界。

第二章　設身處地

設身處地是人成功的決定因素，它並沒有多麼高深的學問就只是簡單的換位思考，將自己假設為面對的親朋好友或競爭的的對象，再說得白話一點就是人飢己飢或是知己知彼，以職場簡單的來舉例，也許你現在職業並不高，地位也很卑微，但只要能設身處地，你就能以上司的角度看待工作，這種作法將造就你的奮鬥精神，使你不再是為別人工作而是在為自己創造未來，當然也能樹立好的形象；無疑也是為你日後成為別人上司做準備。

忠誠比能力重要

能力，是我們面對艱難的通行證，是取得成功的條件之一，有能力者有較多的發展空間，有能力者獲得金錢利益的機會也較大。

忠誠，是做人的品質，是對個人的身分、職務履行職責，不同的身分決定了不同的忠誠對象，在工作中，你的忠誠代表就是老闆；在交往中，你的忠誠代表就是朋友；在家庭中，你的忠誠代表就是家人，特別是在這個物慾橫流的時代，似乎能力更能決定輸贏，可是對這一切而言，忠誠卻是更被看重的。

有一則寓言故事：

小狗湯姆四處找工作，卻一無所獲。他垂頭喪氣向媽媽訴苦說：「我真是個一無是處的廢物，沒有一家公司肯要我。」

媽媽好奇地問：「那麼，蜜蜂、蜘蛛、百靈鳥和貓呢？」

湯姆說：「蜜蜂當了空姐，蜘蛛開了家網路公司，百靈鳥是音樂學院畢業的，所以當了歌星，貓是警察學校畢業的，所以當了警察。和他們不一樣，我沒有經歷和文憑，所以沒有公司肯要我。」

媽媽繼續問說：「還有馬、綿羊、母牛和母雞呢？」

湯姆說：「馬能拉車，綿羊的毛是服裝的原料，母牛可以產奶，母雞會下蛋。和他們不一樣，我是什麼能力也沒有。」

媽媽想了想，說：「你的確不能像馬一樣去拉車，也不能像母雞一樣下蛋，但你不是廢物，你是一隻忠誠的狗。雖然你沒有受過高等教育，本領也不大，可是一顆誠摯的心就足以彌補你所有的缺陷。記住我的話，兒子，無論經歷多少磨難，都要珍惜你那顆如金子般的心，讓它發出光來。」湯姆聽了媽媽的話，使勁地點點頭。

終於，湯姆找到了工作，而且是保全經理。同為應徵者的鸚鵡不服氣，找老闆說：「湯姆既不是大學畢業生，也不懂外語，為什麼給他那麼高的職位呢？」

老闆冷靜地回答說：「很簡單，因為他很忠誠，雖然聘用一名員工，有許許多多的條件，像是學歷、能力、勤奮、主動、正直、負責等，但有一點是肯定的，我更願意信任忠誠的員工。」

阿爾伯特・哈伯德說過：「如果能捏得起來，一盎司忠誠相當於一鎊智慧。」意思是說忠誠比智慧更加珍貴。在職場上，工作能力之外，個人的忠誠同樣是評價一個員工的重要標準。沒有能力的員工可以培養，使其逐步提高工作能力，最終完全融入到公司之中。但是如果沒有忠誠，即使能力再高，本領再大也不會給公司帶來太大的價值，並且潛在著危害，因此想得到重用幾乎是不可能的。

SONY公司有這樣一句話：「如果想進入公司，請拿出你的忠誠來。」這是每一個想要進入日本SONY公司的應聘者常聽到的一句話。SONY公司認為：一個不忠於公司的人，再有能力也不能錄用，因為他可能為公司帶來比能力平庸者更大的破壞。

朗訊CEO盧梭說：「我相信忠誠的價值，對企業的忠誠是對家庭忠誠的延續，我從柯達重回朗訊，承擔拯救朗訊的重任，這是我對企業的一份忠誠。我一直把喚起員工對企業的忠誠作為自己努力的目標。」

員工需要依靠公司的業務平台才能發揮自己的才智，對公司忠誠，實際上是一種對職業的忠誠，一種對承擔或者從事某一種職業的責任感，也是對自己負責。公司需要忠誠和有能力的員工，因為企業的業績靠忠誠的員工全力創造，企業的信譽靠忠誠的員工努力維護，企業的力量靠忠誠的員工團結凝聚。只有企業有了更好的發展，員工的自我價值才能得以實現。

凡事要留有餘地

讀過《紅樓夢》的人都應該知道，平兒這個人物一直是鳳姐的心腹和左右手，但在待人處事方面，始終注意為自己留餘地、留後路，既沒有犯鳳姐所說的「心裡眼裡只有了我，一概沒有別人」的錯誤，更不像鳳姐那樣把事做絕。平兒對於眾人絕不依權杖勢，趁火打劫，而是時常私下進行安撫，加以保護。一方面緩和化解眾人與鳳姐的矛盾，另一方面順勢做了好人，為自己留下餘地和退路。鳳姐死後，大觀園一片敗落，平兒卻多次獲得眾人幫助度過難關。這充分說明做人留有餘地的好處。

平兒的處世之道就是遵循了這樣一條原則：不能把事情做絕，要時時為自己留下餘地，就像開車一樣，一但駛入窄巷，調頭就不容易，如留有一些餘地，調頭就容易多了。

人們建造房屋要留餘地，以便成為日後通行的道路，人與人之間相交，切忌不能把話說死，把事做絕。如果凡事都只求一次痛快，不考慮將來的長久關係和利益，最終會把自己逼近死胡同裡了。

有位汽車業務在向客戶推銷了一輛汽車後，每隔三個月就打個電話詢問客戶汽車的使用狀況，是否需要幫助？客戶很樂意接到這樣的電話，然後很友好地對他說：「沒有任何問題，一切很好，謝謝你的關心。」然後客戶會對他的朋友說起這件事情，不久朋友也成為了這名業務的忠實客戶，日後汽車的更換也首先找這名業務商量，要業務給他推薦新車。

我們為人處事其實也就像推銷一樣，最忌只做一次性買賣。人活一世，總會有求人的時候，做事要給自己留有餘地，不要斷了自己的後路。即使朋友幫自己辦事沒能完成時，也要適時地感謝對方，既維繫了原來的友誼，又為以後的交往奠下堅實的基礎。辦完事記得說聲「謝謝」，這是世界上最容易贏得友誼的辦法，它是加強人際關係的一件法寶。朋友因為某種原因沒有辦成你所托之事，如果你連一句「謝謝」這樣鼓勵的話都沒有，那麼對方就再也不想幫你辦事了。有時候人做事不是為了求回報，而是為了一句感謝的話，一份感激的心意。

所以我們要善於為自己留後路，去積極建立和維護長期的關係，只有這樣才能廣聚人緣。古人說得好：「人情留一線，日後好見面。」留有餘地，是人生的必要。不留餘地，好比下棋的僵局，即使沒有輸，也無法再走下去。

信守承諾，綻放魅力

古今中外，誠信的歷史可謂是源遠流長；許慎在《說文》中講道：「誠，信也。」「信，誠也。」朱熹說：「誠者，真實無妄之何謂。」又說：「誠者何？不自欺不妄之謂也。」即「以一種忠實於事物的真的態度去反映事物。」儒家認為：「知之為知之，不知為不知」，就是對不自欺的一種真實描述。

交友、家庭、商業都離不開誠信，每個人都希望別人能以此待己，但曾思考過自己是否以此待人。

誠能化萬物，也就是所謂的「心誠則靈」，心不誠則不靈，行則不通，事則不成。一個心靈醜惡、為人虛偽的人，根本無法取得人們對他的信任。荀子說：「天地為大矣，不誠則不能化萬物；聖人為智矣，不誠則不能化萬民；父子為親矣，不誠則疏；君上為尊矣，不誠則卑。」明人朱舜水說得更直接：「修身處世，一誠之外便無餘事。故曰：『君子誠之為貴。』自天子至庶人，未有捨誠而能行事也；今人奈何欺世盜名矜得計哉？」因此，誠是人之所守，事之所本。一個能保證誠信的人，別人就信任他。

清朝詩人王永彬在《圍爐夜話》裡說：「世風之狡詐多端，到底忠厚之人顛撲不破。末俗以繁華相尚，終覺冷淡處趣味彌長。」說的是不管社會上爾虞我詐的風氣如何盛行，忠厚老實之人最終還是會立於不敗之地。腐朽的社會習俗爭相以奢靡浮華為時尚，然而，畢竟還是在寧靜平淡之中體會到的淡泊趣味更為耐人尋味。

誠信，亙古的話題。它貫穿於人類的歷史，在其中佔據了重要的一角，發揮了不可抹滅的作用。誠信的人，就是真心真意加強個人的道德修養，存善去惡，言行一致，表裡如一，對他人不存詐偽之心。

有這樣一個真實的故事：日本證券公司的創業者，小池銀行和東京煤氣公司的董事長小池國三，以誠信著稱。當年他在一家機器公司擔任推銷員的時候，半個月內與三十三名顧客簽訂了合約。後來，他發現他賣的機器比其他公司產品的價格略貴，他心想客戶知道了，一定會後悔向他購買產品。於是他帶了合約和訂金，向每一名客戶說明，請客戶中止合約，他誠實的做法令客戶感動，最後沒有人解除合約，反而對小池更加的信任了。

個人的力量是非常的渺小，與別人合作是必須的，倘若個人誠信出現問題，其他人便會心存戒心，因此合作的前提是信用、信譽。從某種意義上來講，信用已不單單是一種品格，而是生存的技能。

我們做人就應該以誠信為原則，以誠信待人，以誠信接物，以誠信律己。人們的一言一行、一舉一動，都應該以誠信為基礎為根本。我們大家都知道「狼來了」這個故事，何以故事至今仍有深遠的教育意義，其實無他，就是任何人都希望所面對的人都能以誠信待己。

嚴守時間，贏得信賴

拿破崙曾經說過，他之所以能戰勝奧地利人，是由於奧地利人不知道五分鐘的價值。實際上，即使一分鐘的不在意也可能讓自己遭遇一場不幸。

范德・比爾特向來非常守時，對他而言，不準時是一種難以容忍的罪惡。

有一次，范德・比爾特與一個請求他推薦的青年約好，上午十點鐘在自己的辦公室見面，然後陪同那位青年去會見火車站站長，應聘鐵路公司的一個職位。到了這一天，那個青年比約定時間竟遲了二十分鐘。

所以，當那位青年到范德・比爾特的辦公室時，比爾先生已經離開辦公室，開會去了。

過了幾天，那個青年再去求見范德・比爾特。比爾特問他那天為什麼失約，青年回答說：「范德・比爾先生，那天我是在十點二十分到的！」

「但是約定的時間是十點鐘啊！」范德・比爾特提醒他。

那個青年支吾著說：「遲到個一、二十分鐘，應該沒有太大關係吧？」

范德・比爾特很嚴肅的對他說：「誰說沒有關係？你要知道，能否準時赴約是一件很重要的事情。就這件事來說，你因為不能準時而失掉了你所嚮往的那個職位的機會，因為就在那一天，鐵路部門已經面試了另一個人。我還要告訴你，你沒有權利看輕我的二十分鐘時間，以為我白等你二十分鐘是不要緊的。老實告訴你，在那二十分鐘的時間中，我必須赴另外兩個重要的約會，我也沒有理由讓別人白等。」

或許你認為遲到了，讓別人等一會兒，藉由「等」的過程，才能突顯出自己的重要性。但是你別忘了，不能嚴格遵守時間等同於不可信任的。

守時是最原始的紀律，無論上班、下班、約會都必須準時。守時是信用的禮節，公共關係的首要環節。

一七七九年，德國哲學家康得與老朋友彼特斯約定去拜訪他，約定中午十二點鐘到達。康得馬不停蹄趕路赴約，老朋友的家住在離小鎮十二英里遠的一個農場內，小鎮和農場中間隔了一條河。

當馬車來到河邊時車夫說：「先生，前面的橋壞了，很危險。」

康得下了馬車，看了看，橋中間已經斷裂了。

「附近還有別的橋嗎？」康得焦急地問。

車夫回答說：「有，先生。在上游六英里遠的地方還有一座橋。」

康得看了一眼懷錶，已經十一點鐘了。

「如果走那座橋的話，我們以平常速度什麼時候可以到達農場？」

「我想大概得十二點半。」

康得又問：「如果我們經過眼前這座橋，以最快速度什麼時間能到達？」

車夫回答說：「最快也得要四十分鐘。」

康得跑到河邊的一座非常破舊的農舍，向主人詢問：「請問您的這間房子要多少錢才肯出售？」

農婦大吃一驚：「您想買如此簡陋的破房子，這究竟是為什麼？」

「請不要問為什麼，您願意還是不願意？」康得顯然有點急躁。

「那就給二百法郎吧！」

康得付了錢，說：「如果您能馬上從破房子上拆下幾根長木頭，二十分鐘內把橋修好，我將把房子還給您。」

農婦把兩個兒子叫來，讓他們按時修好了橋。

馬車平安地過了橋，飛奔在鄉間的路上，終於在十一點五十五分趕到了老朋友的家。在門口迎候的彼特斯高興地說：「親愛的朋友，您可真守時啊！」

守時是誠實守信的表現，也展現了對他人的禮貌與尊重，這絕不是一件微不足道的小事。從守時這個細節中，能看出你的素質和做人的態度。

納爾遜侯爵曾經說過：「準時是國王的禮貌、紳士的職責和商人的必要習慣。」所有的成功者都在用他們的人生經驗提醒我們：準時意味著才能，準時意味著成功。

寬容待人，豁達處世

寬容是一種寬廣一種胸懷，它不僅是一種與人和諧相處的素養，更能化解人與人之間彼此的矛盾。

唐代狄仁傑瞧不起婁師德，常常找其麻煩，但婁師德並不計較，後來還舉薦狄仁傑當宰相，被後人傳為楷模。

我們難免會遇到一些人，他們常常在一些場合粗暴無禮，無端挑剔，明為己過，卻要推卸責任諉過於人。遇到這樣的人時，應首先持以冷靜和理智，讓溝通得以繼續。如果能做到寬以待人、以德報怨，任何不愉快的事都將迎刃而解，還能為自己投資了一筆人情。

一個炎熱的下午，一位顧客在飯店門前摔了一跤，酷暑盛夏本來就熱得心煩意亂，加上跌倒在地，丟人現眼，便怒氣沖沖闖進飯店老闆辦公室，指著老闆的鼻子，出言不遜：「你們飯店門前的地板太滑太危險，剛才我在門口滑倒，摔傷了腰，你必須馬上將我送醫院檢查治療！」

老闆安靜聽他說完，然後對他笑了笑的說：「先生，實在抱歉，腰傷得厲害嗎？請您先稍坐一下，我馬上就和醫院聯繫，叫輛計程車把您送去。」

老闆立即派秘書到外面叫了一輛車，然後和秘書一起把那位顧客扶到車上，然後又拿出一雙新的拖鞋讓顧客換上。

「請您換上這雙拖鞋，我已經和醫院聯繫好了，現在就送您去。」當那位顧客離開辦公室時，老闆把他換下來的鞋交給秘書並悄悄地說：「顧客穿的鞋，鞋底都磨光了，你馬上把它送到鞋店修好，快去快回。」

在醫院就診檢查後，顧客回來了，結果是一切正常。

老闆拿著醫院的檢查報告單對那位顧客說：「沒有發現什麼異常情況，真是萬幸。回飯店休息休息，喝杯飲料消暑。」

此刻，那位顧客才對自己的做法感到有點內疚，並解釋說：「地板剛沖過水很滑，實在危險，我只是想提醒你注意一下，別無他意。」

又為自己找台階下說：「幸好這次摔倒的是我，要是摔倒了上年紀的人怕就麻煩大了。」

老闆拿來已修好的鞋子說：「請不要見怪，我們冒昧地請人修好了您的鞋子。據鞋匠說，鞋底都磨平了，若是穿著它在樓梯上也是很容易滑到的！敝飯店門口天天有人進進出出，說實在的，您是第一位滑倒的人。」

那位顧客面帶愧色，接過修好的鞋子。

「大其心能容天下之物，虛其心能受天下之善，平其心能論天下之事，廉其心能觀天下之理，定其心能應天下之變。」

寬容，是智慧的柔光，照亮他人的同時，也明瞭自己的心扉。

適當展露才華，適時毛遂自薦

懷才不遇，對於每一個人來說，無疑是非常苦悶的事。自古以來，因為懷才不遇而鬱鬱而終之人多如鵝毛。

孔子說：「美哉水，洋洋乎！丘之不濟至此，命也夫！」

屈原說：「國無人莫我知兮，又何懷乎故都！」

李白說：「大道如青天，我獨不得出！」

過去人們總是說：「酒香不怕巷子深」，靠的是貨品的品質、信譽。今天人們卻說：「酒香還要吆喝」，靠的是行銷。對人才的使用，過去講人與事匹配，今天談人力資源開發，但都是同一回事。身為一個現代人，不能總是深藏不露，封閉自我，等人來賞識自己，必須要善於抓住機會，適當展露自己的才華來推銷自己。

戰國時期，齊國有一個叫馮諼的人投奔到齊相孟嘗君門下為食客，食無魚，出無車，懷才不遇啊！馮諼心裡自然十分的難受。他沒有選擇等待時機展露才華，而是採取了一種「會哭的孩子有糖吃」的策略，每天都抱著自己的那把破寶劍高聲唱著：「夥計啊！咱們這麼大本事，竟然吃飯沒有魚？夥計啊！咱們這麼大本事，竟然出門沒專車？鬱悶啊……」孟嘗君一聽，覺得這傢伙說話這麼大口氣，肯定有兩下子，不妨給他提高待遇，再給他安排一些什麼事情做，所以，馮諼就這麼找到了出頭之日。

在古代競爭尚且不怎麼激烈，就有人懂得推銷自己了，何況是競爭激烈的現代社會呢。

一味的保守、含蓄，在職場上也是無法發展的，任何一個機會，都會有若干個潛在的競爭對手。不要坐等機會降臨，而是要學會積極，掌握好時機毛遂自薦，你就可能會迅速脫穎而出。

你的能力不會寫在臉上，只有展示出來別人才能知道，並託付予你。每個人都有不同的發展機會和速度，有些人總是如魚得水，有些人卻是歷經坎坷，其實當中有個比較明顯的因素，就是別人是否知道你具有才華。

現代社會是一個競爭、急需人才的社會，如果你是「千里馬」，就應一展雄姿，如果我們有才華、有能力，就應該為自己尋找施展才華的舞台。

諸葛亮隱居茅廬，有求賢若渴的劉玄德請他下山。

試想，如果無人知曉深山之中有個諸葛亮，諸葛亮還會名垂青史嗎？

既然你是「千里馬」，為什麼不去尋找伯樂呢？

現今社會之中「劉玄德」雖也不少，可是並非每一個「劉玄德」都知道深山之中有你這個「諸葛亮」。

第三章　謙遜處世

有時候，人可以被比喻成一個杯子。我們不停的用很多的東西來把自己的杯子填滿。如果你不論什麼東西都往裡面塞的話，它很快就會被一堆參差不齊的雜物填滿；這個杯子也可以很大，如果你懂得適時的清理它裡面裝的東西，把那些無用的、該丟棄的東西及時排出，那麼你用一輩子的時間也裝不滿這個杯子。為人處世要保持空杯心態，要懂得把曾經清空，把傲慢丟棄，如此，才能使我們的人生一直保持在新鮮的狀態。

保持空杯心態，不間斷學習新的事務，讓你的人生杯子裡的水永遠清澈如許。

保持謙虛風度

你的得意往往可能反襯出別人的失意，甚至讓別人覺得受到嘲笑，相互之間的關係自然就會變淡、疏遠。

小王和小李自學生時代就是好朋友且同在一間公司任職，在一次人事佈達的時候，兩人同時被選為備選主管。當然，最後的結果是，只有一個人能夠升職，結果，小王升職了。

升職後幾天，小王和小李找了幾個朋友一起吃飯，當然，其他幾位都不知道升職的事情。席間，小王很想把這個好消息告訴給大家聽，但是心裡卻總有一個聲音在告訴他：「不，千萬不要說。」後來，有朋友問他在公司做了一段時間，是否有升職。小王淡淡地笑了一下，說剛好前幾天有幸升職了，但隻字未提小李同為候選人，而沒有被升職的事情。

事後，小王向自己的父親說了這件事。父親說：「你是對的。如果當時你主動說出升職的事情，那麼小李一定會認為你是故意在他面前炫耀。如果你說出小李也是候選人的話，那無疑是在給他難堪，你們之間的感情肯定會受影響。」

在朋友面前，更忌多談自己的得意之事，特別是在與朋友的競爭中取勝的時候。人都是有自尊心的，如果你說出自己的得意，無疑是在朋友失意的傷口上撒鹽。沒有人願意別人將快樂建築在自己的痛苦之上。誇耀自己和自我表揚並不會為我們贏得好的機會，只會斷送我們的前程。

因為一個喜歡標榜自己的人，容易失去別人的信任，不僅讓人懷疑你的能力，更重要的是你的品德也會受到批評。喜歡標榜自己的人，往往也會失去朋友。沒有人喜歡和一個愛自我表揚的人在一起。而人如果失去了一份好人緣，將再難成大事。

所以，當你已經得到了榮譽的垂青，一定要記住不能太沾沾自喜，更忌過分的喜形於色。學會將自己的得意放在心裡，謙遜地向對手表達敬意，這樣才能贏得別人的尊敬和喜愛。

人得意時總會想將自己的喜悅與別人分享，這無可厚非，但是切記在談得意之事時，一定要看場合和對象，特別要注意不要在失意的人面前談。失意的人最脆弱也最多心，你的談論在他看來都會充滿了諷刺和嘲弄的味道，讓失意的人更加受挫。

得意之事可以說，但是要記得少說，這不僅是對別人的體諒，更是對自己的救贖。當你每說一次得意之事，你的心就會膨脹一分，它會使你把大量精力放在展示成果或試圖讓他人信服你的個人價值方面。當你把既得的榮譽當做自我欣賞的裝飾品，並投注太多欣賞的時候，你就失去了前進的動力。你口中的得意之事不過是已經過去了的雲煙，當你望著自己的影子戀戀不捨的時候，你正好背離著照亮你的太陽。

時刻保持著一種謙虛的態度，謙虛不僅是一種美德，還是無往不勝的要訣。只有保持謙虛，才能不在過往的成功中沉迷，謙虛讓人與人之間能互相敞開心扉，並使我們能夠從他人的角度來看待事物。

保有一顆謙虛的心，才可能避免自己犯下自滿與短視的錯誤。

隨時微笑示人

卡耐基說：「笑是人類的特權。」有而不使用，無疑是對資源的一種浪費。人的表情有哭有笑，哭代表著悲傷、難過等負面的情緒，而笑，卻是快樂、幸福的象徵。沒有人願意天天見到一張麻木的、冷漠的、哭喪的臉，看的人也會覺得壓抑。而微笑，卻是和煦的陽光，溫暖著人的心田。

動物醫院裡，院長啄木鳥正在看一封表揚信。

信裡有這麼一段話：「兔小姐甜美的微笑，就像冬天的陽光，把整間病房都照亮了，我被病痛煎熬的身體彷彿一下子好了很多，心情也開朗起來……現在，我已經病癒出院了，但是我會永遠記住在醫院裡的那段日子，記得兔小姐那有如春天般的甜美笑容……」

這已經是第N封表揚兔小姐的信了。

年底評選「最佳護士」的時候，所有病人一致投票把這項榮譽給了兔小姐。

《森林日報》派出熊貓記者去採訪「最佳護士」兔小姐，問她為什麼能得到這項榮譽。兔小姐微笑的回答說：「並不是因我的護理技術比別人高明，而是因為我的微笑比別人更多罷了。」

微笑是最動人的表情，微笑能拉近人與人之間的距離，給人帶來安全感、親切感和愉悅感。生活中多一些微笑，就多了一些安詳與快樂。

微笑不需要本錢，你給得再多也不會讓你被掏空，所以請不要吝嗇你的微笑。

微笑還可以生財，「人無笑臉休開店」，微笑是做生意的訣竅之一。

有一個婦人正拿著一個蘋果左看右看，嘴巴也不閒著，跟賣蘋果的小販討價還價。

「這蘋果都快爛了，也要一斤三十塊錢嗎？」

「我這蘋果是很不錯的，不信妳可以去別家比較比較。而且我絕對不會把快爛的蘋果拿出來賣的。」

「哎呀，我也懶得再去逛，你就算一斤二十塊錢，不然我就不要了。」

「大姐，如果我一斤二十塊錢賣給妳的話，那我要如何跟之前買我蘋果的人交代呢？」

「你的蘋果都這樣了……」

「也許是吧，我的蘋果不是最好的，可是我想，如果是最好的蘋果的話，可能要一斤上百塊錢了，甚至更貴。」

這個過程中，賣蘋果的小販始終面帶微笑，不管婦人的態度如何，他一直都笑得那麼親切。

最後，客人雖然嫌東嫌西，但還是以一斤三十塊錢的價錢買了。

旁邊的一個小販問他：「你怎麼能一直保持微笑呢？要是我，早就叫她不要買了。」

美國「飯店大王」希爾頓當初以五千美元開了第一家旅館，資產在數年後飆升至數千萬美元。希爾頓得意地跟母親說，他成功了。

但是母親卻對他說：「要想把成功經營下去，除了對顧客要誠實之外，你還需要一個簡單的辦法，就是微笑。」

希爾頓聽取了母親的意見，在以後的經營中，將微笑做為原則來實施。他要求員工無論多辛苦，都要用微笑來接待客人。他養成了一個習慣，每天至少要與一家希爾頓飯店的服務人員接觸，並問他們：「今天，你微笑了嗎？」而這句話，也成為了希爾頓的名言。在經濟蕭條時期，希爾頓也要求員工保持微笑。結果，微笑不僅使希爾頓率先度過難關，而且為他帶來了巨大的經濟效益，成為世界知名的「飯店大王」，擁有數十億美元的資產。

你知道一個微笑到底有多少價值嗎？英國科學家曾經做過一個關於微笑的研究，最後他們得出結論：一個微笑所蘊涵的價值，給予人們的能量，毫不遜色於一萬六千英磅或二千塊巧克力。

也許有人會扼腕嘆息，要知道世界上還有一群這樣的人，他們看不見美麗的花花世界，生活在漫無邊際的黑暗之中。微笑是如此美好，但是他們卻看不見。

其實，微笑並不僅僅是可視的，微笑的溫暖卻可以穿越一切，穿越空間的距離，穿越種族的隔閡，穿越語言的不通。所以即使看不見對方的臉，但你一定能感覺到。微笑，就在你的身邊輕舞飛揚，向你傳遞活著的美好。

美國的聯合航空公司宣稱，他們的天空是一個友善的天空，微笑的天空。他們的微笑，從地面上就開始了。在招聘新人的時候，他們也把微笑做為其中的一個重要條件。

有一位叫莫妮卡的女孩去參加美國聯合航空公司的招考，結果被錄取了，這大大出乎她的意料之外，因為參與競爭的人有好幾百人，而她對自己並不那麼有自信。

莫妮卡記得在面試的時候，主考官在講話時總是把身體轉過去背對著她，她還以為主考官對她的表現不滿意。

其實，主考官是在品味莫妮卡的微笑。因為莫妮卡應聘的職位是電話工作者，是有關預約、取消、更換或確定飛機航行班次的事情。

最後，主考官微笑著對莫妮卡說：「恭喜妳，妳被錄取了。因為妳全程一直都面帶著微笑，而這就是妳最大的資本。希望妳在將來的工作中充分運用妳的資本，讓每一位顧客都能從電話裡感受到妳微笑的溫暖。」

詩人雪萊說：「微笑，實在是仁愛的象徵，快樂的源泉，親近別人的媒介。有了笑，人類的感情就溝通了。」微笑是人生最好的名片，生活就像一面鏡子，我們對它哭，它就在哭；我們在笑，它就會笑。

學會微笑面對生活，學會微笑迎接成功，學會微笑地承擔失敗，日子將天天灑滿陽光，照亮你和你所愛的人。

時時切記不恥下問

從前有條小金魚，生活在一條清澈見底的小河裡，夏天小金魚在水裡自由自在游來游去，突然，牠看見一棵垂柳。垂柳的柳枝在風中輕輕擺動，在水中倒映成一片蔭涼。小金魚游到那片蔭涼下，頓時感覺涼爽了不少。小金魚望著挺拔的垂柳，心想：「這柳樹怎麼是綠色的呢？它的葉子也不密，怎麼會有這麼好的蔭涼呢？嗯，我得去問問博學多才的龜爺爺。」

游著游著，小金魚又看到兔哥哥站在岸邊，手裡拿著一個像棍子一樣的東西，於是問說：「兔哥哥，你在幹什麼呀？」「我在吹泡泡呢！」說完，只見兔哥哥輕輕地一吹，五、六個大泡泡就從「木棍」另一頭鑽了出來，在陽光的照耀下，五顏六色非常好看。

看著那些泡泡，小金魚又產生了疑問：「為什麼泡泡在陽光的照耀下，會變的五顏六色呢？」「你去問問龜爺爺吧！牠可能會給你滿意的答覆。」「好的，再見了！」「再見！」小金魚告別兔哥哥，又繼續往前游去。

快到龜爺爺家的時候，小金魚又有了一個疑問。牠看到小河邊聳立著的一座座高山：「這一座座高山峻嶺，是怎樣形成的呢？」終於來到龜爺爺家了。

話說龜爺爺的年齡雖然已經超過了一萬歲，但牠還是顯得神采奕奕。小金魚一口氣把自己的疑問都提了出來，龜爺爺笑了笑，說道：「柳葉被陽光照射，吸收紫外線產生葉綠素，所以是綠的；你感覺好涼爽，是因為柳樹葉的顏色較深，遮住了太陽光；泡泡在陽光的照耀下，因為光的折射和反射的作用，所以是五顏六色的；而高山峻嶺則是由於地殼運動所形成的。」

聽了龜爺爺的回答，小金魚高興地說：「謝謝！」

有一個著名的「程門立雪」故事。

程顥、程頤，史稱為「二程」，他們同是宋代著名儒學家。二程學說，後來為朱熹繼承和發展，世稱「程朱學派」。

有兩位學者，一位叫楊時，一位叫游酢，他們都拜程顥為師。程顥去世後，他們都已四十歲，而且已考上了進士，然而他們還要去找程頤繼續求學。

某日，楊時、游酢兩人來到嵩陽書院拜見程頤。當時，程頤正在閉目養神，坐著假睡。他明知有兩個客人來了，卻不言不動，不予理睬。楊、游二人怕打擾先生休息，只好恭恭敬敬肅然待立，一聲不吭等候他睜開眼來。那時正是冬季，不知什麼時候，天空竟開始下起雪來。但楊、游二人依然沒有打算離開。如此等了好半天，程頤才如夢初醒。等他推開門看見外面的兩個人時，地面上的積雪已經有一尺多厚了。楊時和游酢站過的地方，留下了深深的雪坑。

「程門立雪」的故事在宋代讀書人中流傳很廣，最後是用來形容尊敬老師，誠懇求教。人太渺小，世界太大，太多的事情我們不能親身經歷去瞭解，於是需要向人請教。即使是大家公認的學識淵博的聖者，也有向別人請教的時候。

儒家先師孔子，有弟子三千，賢人七十二。大家都向他請教學問，但縱使學問淵博，孔子仍會虛心向人求教。

有一天，孔子到太廟去祭祖。

他一進太廟，就覺得新奇，向別人問這問那。

有人笑說：「孔子學問出眾，為什麼還要問？」

孔子聽了便說：「每事必問，有什麼不好？」

他的弟子問他：「孔圉死後，為什麼叫他孔文子？」

孔子說：「聰明好學，不恥下問，才配叫『文』。」

弟子們想：「老師常向別人求教，也並不以為恥辱呀！」

請教是一件時時要放在心裡的事，這是一種對大千世界的敬畏，是對未知的一種探索。向人請教，不管對方是什麼樣的人，只要他掌握著你想知道的訊息，他就可以成為你的老師。請教，能讓你保持謙遜。所以即使有些問題你懂了，也不妨再問問別人，看是否能激發其他的靈感。

請教，可以幫你把心中的空隙填滿，這樣，你的人生又會充實了幾分。

別在讚美聲中迷失自己

讚美，是一件賞心悅目的事情，但有陽光的地方才有影子，在讚美背後的影子裡，隱藏著能夠讓你迷失的力量。當你沉浸在讚美中太久，讚美的影子就會慢慢覆上你的心靈，讓你迷失。

讚美是一種肯定和激勵，我們的確應該心存感激。但是陷在讚美中就會迷失自己，一旦開始了迷失，你的雙腳就會不由自主地走向岔路，等你撞到牆，錯已經鑄成。

這是一個燈紅酒綠的世界，這是一個充滿誘惑的世界，當一個人成功的獲得名與利的時候，鋪天蓋地的讚美之聲就像是耳邊的呢喃軟語，讓人陶醉沉迷，而且還不停地撩撥著心中的慾望。如果把持不住，就會看不清身處何方，漸漸迷失在紛亂的塵世之中，不知不覺犯下難以挽回的錯誤。

曾有人這麼說過，別人對你的讚美其實只有百分之五十，別人對你的讚美多數誇大，如果你百分之百的相信了，那麼你就已經犯了錯誤。因為，事實並不是別人讚美你的那樣。

讚美能增強人的信心，讓人獲得前進的動力，產生激勵的作用。但是讚美也會掩蓋一些事實的真相，不實事求是的讚美會讓被讚美的對象，墜入自欺欺人之中，既不瞭解自己真正的模樣，相反會產生自滿、驕傲的心理，這樣反而妨礙了成長和發展。

所以，對待讚美要懷著感激的心態，但切不可盲然的全信，更不能因此而忘乎所以。如果沉醉在別人的讚美中無法自拔，那麼你就離迷失不遠了。而一旦迷失，你將偏離人生的正軌，走向岐途。

讚美聲中的迷失是可以避免的，只要事先認清讚美的面目，對它有一個客觀的認識，就能避免犯錯摔跤。

放空自我，才能盛滿智慧

有一位教授，跋山涉水、不遠千里到一座山上的寺廟去問禪。據說這座寺廟裡的禪師是一名世外高人。

對這位千里迢迢來尋覓他的虔誠的教授，禪師只是以茶相待，卻不說禪。只見他將茶水注入這位教授面前的杯子，一直到杯滿了，還是繼續注入。眼看著茶水不停地溢出杯外，這位教授再也忍不住了，出聲說：「不要再倒了，水已經溢出來了！」禪師微笑著答道：「這只杯子不就像世人一樣嗎？當你的杯子裡面裝滿了你自己的看法和想法，是無法容納新的東西。你不先把你自己的杯子空掉，叫我如何對你說禪？」

人必須放下自己過往的曾經和現時的擁有，將心裡的那只杯子倒空，倒空了杯子，才能擁有更大的成功。人生的價值在於不停地吸收新東西，以使自己能夠不斷向前邁進，空杯是為了更深一層的擁有。不要執著於過去的挫折、榮耀，那些都是已經過去了的事情，關鍵是要讓自己有新的開始，每天升起的都是那一輪太陽，但每一天卻是不同的。

人這一生不過只有短短三天，昨天、今天和明天。我們不會三天都處於順境之中，總有低潮、逆境的時候。無論是順境還是逆境，都是幫助我們成長的好因緣。

佛蘭克林年輕時去拜訪一位德高望重的老前輩，當時的佛蘭克林年輕氣盛，喜歡挺胸抬頭邁著大步。結果還沒等見到那位老前輩，就先一頭狠狠地撞在了門框上。疼得他一邊用手揉搓，一邊看著比他身子矮一大截的門生氣。出來迎接他的老前輩看到他這副樣子，語重心長的說了一段話：「很痛吧！可是，這將是你今天找我的最大收穫。一個人要想平安無事地活在世上，就必須時刻記住：該低頭時就低頭，這也是我要教你的事情。」佛蘭克林的手停止了揉搓，望著老前輩臉上的微笑，忽然間明白了什麼。

順境和逆境都各有作用，順境是對取得成就的一種肯定，而逆境卻為你提供了空杯的時機。只要你能正確的認識它們，那麼你就可以從中得到解脫與成長。在順境中不自我膨脹，在逆境中把挫折變成成長的契機。

將過往的一切拋棄，等到再裝滿的時候，又會是一番新的天地。

漢代史學家司馬遷因為剛正直言而得罪漢武帝，被處以殘忍的宮刑。他忍受人生最大的打擊，寫出了《史記》。

四大名著的作者，每一個都是在被罷官，或家庭慘遭不幸的情況下，不受貧困潦倒所屈服，把心理歸零，為古典文學史上留下了不朽的名著。同時也將自己的名字永遠的鐫刻在歷史中，千古流傳。

這些例子都告訴我們一個道理，遇到什麼樣的逆境並不重要，重要的是用怎樣的心態去面對。當身處逆境時，抱怨和消沉都無法讓逆境消失和改變。反而只會讓逆境的阻力，成為跨不過去的坎，不如換一種心態看問題，再大再苦的逆境，也有它積極的一面。任何事情都有兩面性，心態轉換了，逆境將不會是絕境，你才能盛滿智慧，清醒的做出明智的選擇。

學會低頭，學會放空，學會吐故納新，讓自己心靈的杯子時刻保持在一個能承載新的東西的狀態中。

林語堂先生曾經說過：「人生在世，幼時認為什麼都不懂，大學時以為什麼都懂，畢業後才知道什麼都不懂，中年後又以為什麼都懂，到晚年才覺悟一切都不懂。」不懂與懂就像是滿了又空，空了又滿的杯子，如此更替輪迴，就構成了我們的人生。

重視他人，也會被人重視

很多事情都不是僅靠我們一己之力就可以完成的，我們需要請求別人的幫助。每個人在世上，都會有求於人，想要讓自己的求，得到回應，其中很重要的一點，就是要重視他人。如此，就能讓別人做到你「有求」，他「必應」了。

燕昭王一心想招攬人才，但由於他給世人的印象大多是「葉公好龍」，而不是真正的想要求賢，於是鮮少有人願意幫助他。燕昭王為此而感到悶悶不樂。

這時，一個叫郭隗的智者向燕昭王講了一個故事：曾經有一位國君願出千兩黃金買一匹千里馬，但卻始終沒有買到。後來，終於有人發現了一匹千里馬，但是當國君派手下帶著千兩黃金去購買的時候，千里馬卻死了。被派去買馬的人還是花了五百兩把馬買了回來。國君生氣地說：「我要的是活馬，現在馬都死了，我要來有什麼用。」

那位買馬的人於是就說：「一匹死了的馬，您都願意花五百兩來買，足見您的誠心。世人知道這件事的話，一定會吸引天下人為您提供活的千里馬。」果然沒過幾天，就有人為國君送來了千里馬。

講完這個關於買馬的故事後，郭隗對燕昭王說：「其實招攬人才和買千里馬是一樣的。您想要人才來到您的身邊，那麼先要表達出您的誠意和重視。您可以先把我納入門下。世人要是知道您連我這種才疏學淺的人都願採用，那麼比我本事更大的人，定會紛紛投入您的門下。」

燕昭王採納了郭隗的建議，於是為郭隗建造了宮殿，並尊稱其為老師。果然，沒過多久，天下就出現了一番「士爭湊燕」的景象。軍事家、陰陽家、遊說家等，都紛紛投入燕昭王門下，落後的燕國一下子就變得人才濟濟了。燕國也在這些人才的幫助下，逐漸成為一個富裕興旺的強國。

燕昭王之所以能成功地招攬人才，就是因為他表現出了對人才的高度重視。說這種重視是收買人心也好，籠絡人心也好，總之它有其功效。人都是不希望被忽視的，當自己得到了別人的重視，就會心生一份欣慰和感激；在這樣的情緒之中，自然就會心甘情願為重視自己的人做事，報其知遇之恩。

人心是最堅硬，也是最脆弱的東西；可以百折不撓，卻也容易被一些小事情所折服。如果是要自己獨立完成的事，則會先定下自己的心，沉著地應對；若是需要有求於人，則必定先抓住別人的心，讓別人覺得受到重視，這絕不僅僅是單純的關心那麼簡單，包含著希望，但即使知道是如此，卻也會心甘情願地為他辦好事情。

人是感情的動物，如果你希望別人能為你，那麼在平時的生活中，就要時時注意籠絡人心，讓別人感受到你對他的重視。這樣，當你有求於人的時候，別人就會盡心盡力。

第二篇

想改運，必須改變態度

同樣的際遇，每個人處置態度不同，其結果也大不相同。慳貪的人會中飽私囊，喜捨的人想廣濟社會；瞋恨嫉妒心重的人，整天心情鬱怒，心胸開闊的人，天天歡喜自在；厭世隱遁者只想獨善其身，熱愛家園者則積極服務鄉梓。每個人待人接物的態度不同，運勢也將走向不同的地方。

第一章　放下負面情緒

每個人都不可避免會存在負面的情緒，負面的情緒不可怕，而不懂得如何去疏導、克服，才可怕。

很多負面的情緒是因為誤解或者是不同的做事風格所致。所以，一定不要吝嗇你的溝通，多和別人交流，你的世界才會充滿陽光。

另外，遷怒也是一種非常不好的習慣，很多人會把自己的氣往身邊的人身上發，讓週遭的人莫名其妙受氣，要注意避免這樣的情況發生，畢竟，他們並沒有錯。

讓別人理解你和你去理解別人一樣重要，不可忽視！

有溝通就會有諒解

溝通是一門學問，也是一門藝術，任何溝通都是有其本身的目的，把握溝通的目的，將相互的見解或者思想表達出來；溝通包括語言的，非語言的，雙方的認知度等。

溝通的目的有很多，最淺顯的一個目的便是資訊的傳遞，資訊的傳遞包括了單向和雙向傳遞，而此時，資訊傳遞的有效性，及時性，真實度等，都是需要考慮的；溝通的目的在於影響，也就是我們通常所認為的「說服」。

只有弄清楚溝通是怎麼一回事，我們才可能進行有效溝通。

有一長者曾提出過一個問題：「若林中樹倒時無人聽見，會有聲響嗎？」

答曰：「沒有。」

樹倒了，除非有人感知到了，否則就是沒有聲響；因此，溝通只在有接受者時才會發生。

談話時試圖向對方解釋自己常用的專業術語並無益處，因為這些用語已超出了對方的感知能力。接受者的認知取決於他的教育背景、過去的經歷以及情緒。如果溝通者沒有意識到這些問題的話，溝通將會是無效的。另外，晦澀的語句就意味著雜亂的思路，所以，需要修正的不是語句，而是語句背後想要表達的。

有效的溝通取決於接受者如何去理解。例如老闆告訴他的助手：「請儘快處理這件事，好嗎？」助手可以根據老闆的語氣、表達方式和身體語言來判斷，這究竟是命令還是請求。

德魯克說：「人無法只靠一句話來溝通，是必須靠整個人來溝通。」所以，無論使用什麼樣的方式，溝通的第一個問題必然是：資訊是否被感知？是否在接受者的接收範圍之內？能否收到？如何理解？

溝通想要達到的預期效果，在進行溝通之前，瞭解接受者的期待是什麼尤其重要。唯有如此，我們才可以知道是否能在對方的期望之內進行溝通。因為我們所察覺到的，都是我們期望察覺到的東西：我們的心智模式會使我們強烈抗拒任何不符合「期望」的企圖，出乎意料的事通常是不會被接收的。

人們一般不會做不必要的溝通。溝通總是會產生要求，它總是要求接受者要相信某種理念，它也經常訴諸激勵。換言之，如果溝通能夠符合接受者的價值與目的的話，它就具有說服力，這時溝通會改變一個人的性格、信仰。假如溝通違背了接受者的渴望、價值與動機時，可能也不會被接受，或者是受到抗拒。

溝通一般都是帶著一定的目的進行的，必然會獲得對應的資訊，但資訊並不是溝通。一家公司年度財務報表中的數字是資訊，而在每年一度的股東大會則是溝通。當然這是建立在年度財務報表中的數字之上的。溝通是資訊的傳遞過程，但和資訊不是一回事。

資訊與人無涉，不是人際間的關係。它越不涉及情感、價值、期望與認知等，人為的成分，它就越有效力且越值得依賴。資訊可以按邏輯關係排列，技術上也可以儲存和複製；資訊過多或不相關都會使溝通達不到預期效果，而溝通是在人與人之間進行的，資訊是中性的，而溝通的背後都隱藏著目的。

懂得與他人進行情緒交流，彼此瞭解對方的感受，溝通能力是一種很重要的關鍵，溝通可以加強團隊合作，使工作更加順利。

珍惜就會擁有幸福

你有自己的人生使命，有自己獨自要去完成的生命尊嚴。你不但要珍惜人生，設法提升自我的功能，還要努力去實踐成功的人生，不要陷入倒懸，最後才能體會到人生之壯麗。人生的幸福不是一味追求得來的，雖然說沒有努力就沒有幸福，但不懂得惜福，到手的福氣也是會流逝的。不懂得珍惜自己，不願活出自己生活意義的人，即使有了偌大的財富，也是空虛不實的。

世界上的價值大致可以分為兩類：一類是因為它的存在讓別人感到它的價值，比如一些產品、商品、科技發明及金錢、地位都歸於這一類；這一類東西，起到讓你過得更好的作用。另一類是你喪失它之後，才感到它的價值，比如空氣、自由、健康、時間、青春等，這一類價值展現的是你生存的必要條件。這兩類價值相比，因為其存在而顯示其價值的東西一般是從無到有的，由於來之不易且不能人人均等，你會倍加珍惜，比如地位、金錢等。但那些因失去才顯示它的價值的東西一般是從有到無的，這種價值由於它是自然存在和普遍擁有，很容易讓人忽視。但與生俱來、從有到無的這種價值，對人來講更重要。有的人在拚命地獲取和享受從無到有的價值的時候，忘了更重要的從有到無的價值，只有當他已經失去後一類價值的時候，才知道它的可貴，但已悔之晚矣。犧牲後一類價值去追求前一類價值，他所付出的代價更大。「老之將至，才覺得時光的可貴；病臥在床，才知道健康最重要；進了牢房，才知道自由是無價的。」

因為失去才顯示其價值的東西，更值得人們去珍惜、去維護，因為人一旦失去了這一類價值，就連追求另一類價值的基礎條件都沒有了。女孩和男孩談了四年戀愛，終於準備進入婚姻的殿堂。可是整整找了五個月，還沒找到理想的住所。結婚大事就這麼一回，房子可不能馬虎。「我希望我的房子能夠在生活便利、居民素質比較高的社區內。」女友做著遠景規劃，可是找來找去，都是超過三十年房齡的老房子。「那麼就到近處去找。」女友仍執著地說。可是仔細調研過才發現，那裡交通實在不方便，上下班倒成了問題。「其實，這裡條件不錯，人都是些知識份子，交通又便利。」經過一番折騰，男友說出了心中的想法。女友仔細想想也對，終於在自己居住的社區內找到了理想的房屋。站在自己的新房中，女友不無感慨地說：「繞了一個大圈，要是一開始就在這裡找，也不必白費那些力氣了！」當你在費勁心思尋找美麗和幸福的時候，可能它們就在你的手上和身邊。人生旅途中終點即是起點，不同的是一種心態。當人們經歷了風雨坎坷走到終點時，才會有這樣的深沉與睿智。

《唐語林》中有兩則吃餅的故事。唐太宗大宴群臣，宇文士及割肉，割完之後，用麵餅擦手上的肉汁，太宗不做聲，眼睛斜視著他。不知是這位宇文士及有節儉的習慣還是因為感覺到芒刺在背，總之是不動聲色地用餅擦好手，然後從容地把這塊餅吃了下去，那一旁的太宗也鬆了一口氣。到了唐玄宗這一輩，國家已經很富裕，寵妃還享用萬里飛騎送來的荔枝，但他本人卻也很捨不得一塊餅。這一回割肉的是太子李亨，他也用餅擦手上的肉汁，玄宗也一直盯著他看。太子慢慢地舉起大餅，大口大口地吃起來，玄宗非常高興，對太子說：「福當如是愛惜。」「福」在古代是指祭神的酒肉，也泛指食物。中國語言中有「惜福」一詞，就是從愛惜糧食這個意思上來的。

為人處世，應有勤勞節儉、冰清玉潔的操行。也只有勤儉，才能永保廉潔；只有冰清玉潔的操行，才能長久處世。守住節儉並依此修持，貧窮時可以獨善其身，富貴時可以兼濟天下。守住了勤儉，就足以為萬世師表。勤就不缺乏財物，儉就知道節餘；勞就能進益，節就能知足，這是古代人惜福的方法。在勤、儉、勞、節中，儉是首要的。

宋史記載：宋代的永寧公主，曾經以一身豪華的高貴打扮來拜見皇上，皇上說：「從今以後不要這樣打扮了。」公主笑著說：「這又能花費多少錢？」皇上說：「作為皇帝的女兒都如此奢華，宮廷裡必然效仿起來。宮裡人人都綾羅綢緞，京城市面上的高檔服裝價格就會抬高。京城裡的高檔服裝價格太高了，百姓們必然追求利益。妳生長在富貴的家裡，應該知道珍惜福分，不能生出不好的念頭來。」

人生福祿，都有定數。珍惜福分的人，福常有餘；暴殄天物的人，福常不足。所以老子以儉為寶貝。並不只是生活中應該懂得節儉的道理，如果所有的事情都懂得節儉，將會收到意想不到的效果。比如，在吃喝上節儉，可以養護脾胃；在嗜好上節儉，可以集中精力；在語言上節儉，可以調養氣息；在應酬上節儉，可以養身安神；在思慮上節儉，可以少生煩惱；在慾望上節儉，可以清心養德。凡事減省一分，便增益一分。

俗話說：「在福中要知福。」自己現在過著一種不愁衣食的生活，是一種難得的福分。不要小看這福分，不要浪費這福分。一方面要知足，一方面仍要儘量節儉，這樣才不會養成奢靡頹廢的習慣，日後才可以有足夠的準備去應付各種不同等級的生活。

多在有日思無日，別到無時思有時。對經歷過艱苦的人來說，儘管現在生活富裕，但仍應念念不忘過去的艱苦困難的日子。這樣，做人才可以知足，才可以安分，才可以不敢鬆懈地繼續努力，也才可以保住既有的財富。

舊時，許多長輩告誡子女們說：「老天爺給每個人安排了一定的福分。如果你小時候把福分享用光了，老的時候就會窮苦。」這句教誨對今天的每個人都適用。

人應該珍惜自己的福分，慢慢享用，不要揮霍。「寧吃少來苦，不受老來貧」。年輕時候苦一點，年紀大的時候，就多一點享福的可能。至低限度，儉樸的生活習慣，可以幫助人有多一點力量去適應各種環境。

及時疏導負面情緒

俗話說：「處逆境要忍耐，處順境要謹慎。」在遇到挫折、進行反省的過程中，必須去除消極情緒。

我們經常會見到有些人自我論斷，所謂自我論斷，指的是一些對自己不利的想法，例如：我口才不好、我人脈不好、現在同行的競爭者太多，我一定無法做好，我就知道我不行。

有一位經營了二十年的牛肉麵店老闆老K，想要重新修整門面、擴大經營。

在動工前，他想到自己的兒子是留美的經濟學博士，而自己只是個會煮牛肉麵的老闆，不懂得經營，於是就打電話問兒子的意見。

「兒子啊，爸爸想要重新裝潢、擴大門面，希望能夠賺更多的錢，你覺得怎麼樣？」

「不好，老爸，你不知道現在的經濟景氣有多糟糕嗎？我告訴你，在經濟不景氣的時候絕對不要做任何的變動，把錢留著，等到經濟景氣好的時候再裝潢。」

「嗯，你說的有道理。」

「老爸，你要記住，如果客人不到五人就不要開冷氣，還有，牛肉別放那麼多，要少放一兩塊，這樣才符合經濟效益。」

雖然老闆聽不懂什麼叫經濟效益，不過他想，經濟學博士的兒子說的一定沒有錯。

於是……

「老闆，店裡怎麼這麼熱啊！」

「哎呀，經濟不景氣，有五個人再開冷氣。」

「老闆，以前的牛肉那麼多，現在怎麼變少了？」

「哎呀，經濟不景氣，牛肉的成本也提高了！」

不久後，在牛肉麵店的斜對面，開了一家全新裝潢的牛肉麵店。

雖然對面的價格高出老Ｋ的牛肉麵數十元，可是說來奇怪，客人還是絡繹不絕。不久後，老Ｋ的牛肉麵店因為經營不善而關門大吉。

而老Ｋ卻逢人就炫耀：「哎呀，你知道嗎？我兒子不愧是經濟學博士，他說經濟不景氣，真的被他料中，經濟不景氣差到我的店都倒了。」

故事中的老K就是一個喜歡自我驗證的人，自己的手藝好，卻自認不如身為經濟學博士的兒子，明明是自己把客人趕走的，卻說是經濟不景氣。

你看過超級業務員的成功故事嗎？

如果看過，那麼不難發現，每一位年收入數百萬、千萬的超級業務員，都曾經歷過青黃不接的時候，甚至有人嘗過三個月業績掛蛋的苦頭，但是他們懂得砍斷負面情緒，不因為一時的挫折就放棄。

如果你發現心中出現了消極的念頭，或是你身旁的人正在醞釀負面情緒，那麼趕緊準備好，隨時斬斷負面情緒，短暫的不好並不代表永遠不好。

每個人都有一套屬於自我的生活理念，有的人生活的很快樂，有的人卻對生活失望，歸根究底是心態的問題。生活中總是會出現很多突如其來的災難，會讓人突然陷入一種負面情緒之中，更有對生命的絕望。

不難看出，隨著社會的進步，競爭的激烈，讓人們的各種壓力增大，如果當這種壓力超過了某種負荷能力的時候，就會讓人出現偏激情緒，這樣帶來的後果是無法想像的。如果能在適當的階段給自己找一個出口，會逐漸排除這樣的精神壓力。

那麼我們應該怎麼減輕這樣的負面情緒呢？

要學會讓自己安靜，把思維沉浸下來，慢慢降低對事物的慾望。把自我歸零，每天都是新的起點，沒有年齡的限制，只要你對事物的慾望適當的降低，會贏得更多的求勝機會，如果你有足夠的能力，就要儘量幫助你能幫助的人，那樣你得到的就是快樂，多幫助他人，善待自己，也是一種減壓的方式。

遇到心情煩躁的情況時候，你可以喝一杯水，閉眼，回味身邊的人與事，對新的未來可以慢慢的梳理，即是休息，也是一種冷靜思考。

一定要明白，多和自己競爭，沒必要羨慕別人。很多人都是由於羨慕別人，而把自己當成旁觀者，越是這樣，越是會讓自己掉進深淵。

你要相信，只要你去做，你也可以的。為自己的每一次進步而開心；事是不分大與小的，複雜的事情簡單做，簡單的事情認真做，認真的事情反覆做，爭取做到最好。

不論在任何條件下，自己不能看不起自己，哪怕全世界都不相信你，看不起你，你仍然要相信你自己，因為，如果你喜歡上了你自己，那麼就會有更多的人喜歡你，如果你想自己是什麼樣的人，只要你想，努力去實現，就會的！

對待別人要將心比心

不同角度反映出不同場景，正如照相，同樣一個對象，拍出來的美不勝收，或醜不堪言都有。同樣，判別一件事物，好與壞、是與非很難在一個範圍內做出結論。

如果站在正面可以說它為「非」，而站在側面就有可能視它為「是」。如果我們動輒就簡單地下結論，而這種結論就有可能失之偏頗。相反的，我們稍做調整，站在對方的角度看問題、想問題，或許就會清晰與明白。

有個少年問智者，怎樣才能讓自己快樂。

智者意味深長的說：「把別人當自己，把自己當別人。」

這頗具哲理性的話，道出了為人處世的四字真言：將心比心。

將心比心是一種哲理，也是一種道德，如果我們在遇到負面情緒的時候，有意識的進行換位思考，對我們是有幫助的。

真正的將心比心是建立在理解他人和自我的基礎之上，試想，沒有對細節的理解，如何能真正的站在他人的角度呢？因此，將心比心不僅僅是意識問題，而是如何從細部去執行的問題。

想改變別人或自己，唯一的方法就是要有同理心，同理心就是設身處地的做法；無論在人際交往中面臨什麼樣的問題，只要設身處地瞭解並重視他人的想法，就能更容易的找到解決方案。尤其是在發生衝突或誤解時，如果能把自己放在對方的處境，也許就可以瞭解到對方的立場和初衷，進而消除誤解了。

早在二千五百年前，孔子就說過：「己所不欲，勿施於人。」就是指同理心，用自己的心推及別人：自己希望怎樣生活，就想到別人也會希望這樣生活；自己不願意別人怎樣對待自己，就不要那樣對待別人；總之，從自己的內心出發，推及他人，去理解他人，對待他人，就是同理心的直接解釋。

你種下什麼，收穫的就是什麼；播種一個行動，你會收穫一個習慣；播種一個習慣，你會收穫一個個性；播種一個個性，你會收穫一個運勢；播種一個善行，你會收穫一個善果；就像照鏡子一樣，你自己的表情和態度，可以從他人對你的表情和態度上看得清清楚楚。

有位同學對教授說：「同學看到我都不打招呼，也不對我笑，為什麼我不受歡迎呢？」

教授對同學說：「你跟他們打過招呼嗎？對他們笑過嗎？」

對人冷淡，別人也會回以冷漠；想要得到他人的友善，不妨先對他們表達自己的友善。

又有同學問：「為什麼我總是認為同學對我不懷好意，想與我競爭？」

教授同樣反問他：「你對他們的態度又如何呢？你想和他們競爭嗎？」

要消除他人對自己的敵意，不妨先消除自己對他人的敵意，所以有人說：「給別人的，其實就是給自己的。」讓別人經歷什麼，有一天也將自己經歷，就像你怎麼對待父母，將來你的孩子也會怎麼對待你。因此，若想被人愛，就要先去愛人；希望被人關心，就要先去關心別人；想要別人善待你，就要先善待別人。

不理解同理心含義的人，可能會主張「以牙還牙」、「一報還一報」的報復法則，殊不知這項法則其實也能產生積極的效果。對別人採取一項友好的行為，或是提供有益的服務，那麼經由這相同報復法則的運用，別人也將對你提供類似的友好服務。

有一個企業討論什麼是「文明」的標準，員工們的回答是：時時想到他人就是文明。這個回答既通俗又反映了文明的本質。精神文明是人類社會生活的需要，有了社會生活，就需要有一定的規範來維持社會秩序，也要求人們自覺遵守這些規範，使自己的行為有利於社會生活的發展。

換句話說，同理心不僅是為了理解別人，也是為了讓別人理解自己。同理心並不是要你迎合別人的感情，而是希望你能夠理解並尊重別人的感情。

替別人著想也是一種道德，特別是公共道德的基礎，如果人們心中都只有自己，完全不顧他人，那也就不會有公共道德。這一點是任何社會、任何時代所普遍適用的，也是人類社會生活中應該普遍遵行的基本的公共生活準則。

第二章　別讓光芒耀眼

謙虛謹慎是為人處事必備的品格。不論你從事何種職業，擔任什麼職務，只有謙虛謹慎的態度，才能保持不斷進取的精神，才能增長更多的知識和能力。

謙虛是人類特有的精神指標，也是最難以實現的。一個人在工作上或在其他方面取得成就，迫不急待想讓他人知道，這是人之常情。但這種急於展現自我價值、想被他人承認的心態，最後卻會引人走向失敗。因為如果一個人總想把自己的成就向他人炫耀以證明自己存在的價值，那麼這個人永遠都會活在疲憊中，最後反而會忘卻自己既有的成就，自己否定自己。

自滿等於不足

俗話說：「心萬事能成，自滿十事九空。」一個人自滿就像一只裝滿水的杯子，再也裝不下別的東西。

要實現新發展，必須堅決拋掉過去成績和榮譽的包袱，虛心以待，一切從零開始，樹立「天無盡頭，業無止境」的思想，以永不滿足、永不懈怠的精神開創新的發展局面。

「驕傲使人落後」，似乎是人人耳熟能詳的道理，但也是人最容易犯的錯誤之一。驕傲自滿，會使人以鼠目吋光的短見、坐井觀天的偏見、拘守成見看待事物，無法把握事物，大到一個國家，小到一個地區、一個部門、一個人，產生了自滿情緒，就必然會吃到苦頭。這是因為一旦產生自滿情緒，反映在思想上，就是不思進取，反映在行動上，就是鬆懈疲沓，最終喪失難得的發展機會，導致落伍的後果。

你沉醉滿足、麻痹大意、猶豫觀望的時候，正是別人超越你的時候。同時，優勢只是相對的而不是絕對的，永不知足持續努力才能跑在別人前面，甚至可能後來居上。

有一次，孔子帶著幾個學生到廟裡去祭祀，剛進廟門就看見座位上放著一個引人注目的器具，據說這是一種盛酒的祭器。

學生們看了覺得新奇，紛紛提出疑問。

孔子沒有回答，卻問寺廟裡的人：「請問您，這是什麼器具啊？」

廟裡的人一見這人謙虛有禮，也恭敬地說：「夫子，這是放在座位右邊的器具呀！」

於是孔子仔細端詳著那器具，口中不斷重複念著：「座右」、「座右」，然後對學生們說：「放在座位右邊的器具，當它空著的時候是傾斜的，裝一半水時，就變正了，而裝滿水呢？它就會傾覆。」

聽了老師的話，學生們都以驚異的目光看著他，然後又看著那新奇的器具。

孔子看出大家的心思，和藹地問大家：「你們有點不相信嗎？咱們還是提點水放到器具裡試試吧！」

說著學生們就提來了水，往器具裡倒了一半水時，那器具果然就正了。

孔子立刻對他們說：「看見了吧，這不是正了嗎？」大家點點頭。

他又讓學生繼續往器具裡倒水，器具中剛裝滿了水就傾倒了。

孔子趕忙告訴他們：「傾倒是因為水滿所致啊！」

子路率先發問：「難道沒法子讓它不傾倒嗎？」孔子看了大家一眼，語重心長地說：「世上絕頂聰明的人，應當用持重（舉動謹慎穩重）保持自己的聰明；功譽天下的人，應當用謙虛保持他的功勞；勇敢無雙的人，應當用謹慎保持他的本領……這就是說，要用退讓的辦法來減少自滿。」學生們聽了這含義深刻的話語，都被深深地打動了。

在現實生活中，自滿又是最難克服的。只要我們稍不留神、稍一鬆懈，它就會乘虛而入。「思所以危則安，思所以亂則治，思所以亡則存」，居安思危才能清除盲目自滿的思想障礙。

不要在嘴邊得意

社會上的人形形色色千奇百怪，可能大家最不喜歡交往的類型，大部分是屬於喜歡在別人面前誇耀自己的人。

當我們有一件值得稱讚的事情被人發覺之後，人們自然會予以稱頌；但若我們自我誇耀式敘述出來，只能得到別人的反感和輕視。一句句誇耀的話，都猶如一粒粒惡的種子，從我們的口中播出去，種在別人的心裡，滋長出厭惡的芽。

愛自我誇耀的人，是找不到真正的朋友的。因為自視清高，鄙視一切，不太理會別人的意見。朋友們避之唯恐不及，常自以為最有本事，覺得任何事都沒有人比得上他，因此瞧不起別人，結果使自己成為孤立者。

自我表揚，不能獲得別人對自己的好感，對別人的優點也會視而不見，好像誰也不如自己。結果就是，只向別人證明你其實沒有什麼可炫耀的。

面子是別人給的，臉是自己丟的，一個人若真正具有本領或才智，是會得到公正的讚許，讚美只有出自別人，才具有價值。不要隨便評價自己，也不要隨意誇耀自己。個人的行為，旁人看的清清楚楚，好壞自有公道，不必自吹自擂，與其過分誇耀自己，不如表示謙遜。世界上本沒有多少值得自我誇耀的事，如果自己說過頭了，別人就會瞧不起你了。

無論在什麼時候都不要以為自己已經知道一切，不論人們把你評價得有多麼高，你都要努力使自己保持清醒，在內心深處提醒自己：仍有相當的空間與高度等待著我。

尊重身邊的每一個人

尊重沒有高低貴賤之分，尊重別人就是尊重自己，敬人者人恒敬之。

羅斯福總統非常瞭解和喜歡英國人，但他卻忍受不了英國官員不時流露出的傲慢。有一天，財政部長亨利・摩根索帶給羅斯福一封英國財政大臣的信，信首稱呼沒有加任何官銜，而是直呼其名：亨利・摩根索先生。由於只看信裡的內容，摩根索忽視了稱呼，但羅斯福卻一眼看出了英國人顯露出的傲慢。當摩根索給他看他寫好的回信時，羅斯福說：「這封回信的內容寫得不錯，但你犯了一個錯誤。」摩根索有些驚慌失措的說：「我犯了什麼錯誤？」羅斯福說：「稱呼上應該直呼其名，與你收到的那封信的稱呼應當一致，不要加任何官銜。」羅斯福這一招果然有效，英國財政大臣在他的第二封來信中，規規矩矩的加上了美國財政部長的官銜。

尊重是互相的，如果你不懂得尊重別人，怎麼能要求別人來尊重你。羅斯福以其人之道，還治其人之身，使傲慢的英國大臣受了一次教訓。

在現代社會，已經沒有比尊重更具有普世的價值觀了。

有一位國王在帶領大臣們狩獵的途中，遇到了一個年輕的乞丐。國王見這個乞丐眉宇之間透著一股才氣，雖然衣衫襤褸，但掩飾不住他身上的一種獨特的氣質。於是，國王下馬說：「年輕人，你願意跟隨我，做我的侍衛嗎？我保證你衣食無憂。」乞丐一聽大喜，忙跪下磕頭謝恩。於是，國王把他帶回王宮。這個乞丐經過一番梳洗並換上侍衛的衣服後，果然顯得英氣逼人，而且他還具備一般人所不具有的智慧。兩個月後，國王便升他為侍衛長。年輕人為了報答國王的知遇之恩，不僅帶領士兵們盡心盡力地保護國王和維護王宮的安全，還積極為國王出謀劃策，向他建議極具價值的治國方針。然而，圍繞在國王身邊的一些小人卻對這位年輕人的受寵感到極為不滿。

他們向國王說：「那小子不過是一個乞丐，您沒有必要賜給他錦衣玉食，讓他滾得遠遠的吧。他現在驕傲得很，自從受重用後便恃寵而驕。」

國王在眾人的挑撥下，慢慢的也就不再信任年輕人了。

有時，國王甚至在宴會上當著文武百官的面說：「喂！小乞丐，如果沒有本王，你現在肯定還是一個又臭又髒的乞丐；不！或者早已餓死，被野狗們吃了。」

或是：「小乞丐，過來學兩聲狗叫，讓本王開心。」此時，那些大臣便附和著國王的笑聲，肆意地嘲笑年輕人。

終於，那位年輕人不辭而別了，國王很是不解，心想：「難道他不習慣王宮裡的錦衣玉食，又回去做乞丐了？」

的確，那位年輕人現在是一個又髒又臭的乞丐了，但他離開王宮的原因不是不習慣那裡的生活，而是無法忍受國王對自己人格的侮辱，因此，他寧願放棄優厚的物質生活，去當一個自由自在的乞丐。

尊重他人的自尊，是人性的展現。無論對方的地位是高貴還是卑微，我們都應該尊重對方。雖然人有富貴、貧窮之分，但在人格上，所有人都是平等的，不管你是國王還是乞丐。因此，我們要給予對方足夠的尊重；否則，即使你是國王，你也無法獲得一個乞丐的真心愛戴。

虛心的態度幫你贏得機會

虛心能夠幫助你看到自己，可以使你冷靜地傾聽他人的意見和批評，驕傲自大，滿足現狀，輕者使自己停滯不前，重者使人生陷入無法挽回的地步。

美國第三屆總統湯瑪斯·傑弗遜說：「每個人都是你的老師。」傑弗遜出自貴族，他的父親曾經是軍中上將，母親是名門之後，當時的貴族除了發號施令以外，很少與平民百姓交往，他們看不起平民百姓，然而，傑弗遜沒有秉承貴族階級的惡習，主動與各階層人士交往，他的朋友中不乏普通園丁、僕人、農民或者是貧窮的工人，他知道每個人都有自己的長處，有一次，他向法國拉法葉特說：你必須像我一樣到民眾家走一走，看一看他們的菜碗，嚐嚐他們吃的麵包，只要你這樣做的話，你就會瞭解民眾不滿的原因，並會懂得正在醞釀的法國革命的意義了，由於他作風紮實，實際深入，雖然居總統寶座，卻很清楚民眾究竟在想什麼，需要什麼。

大凡有成就的人，都把謙虛謹慎當作人生的第一美德來培養，他們也因此獲得了世人更多的尊重！無論做什麼事情，要想獲得好的結果就要付出代價。如果某些事情值得做，那麼付出一些代價也是值得的。虛心就某個意義上來說，這也是我們付出的代價。但我們可以看到，虛心具有很高的投資價值，它是一種資產。

《莊子・雜篇・徐無鬼第二十四》：有一天，吳王坐船過了大江，攀登上一座猴山。一群猴子看見了，都驚慌地四散逃跑，躲在荊棘叢中。唯獨有一隻猴子，得意洋洋地跳來跳去，故意在吳王面前賣弄靈巧。吳王拿起弓箭向牠射去，那猴子敏捷的把箭接住了。

吳王惱怒，下令隨從一起放箭，結果那隻猴子就這樣被射死了。吳王回過頭對他的臣子顏不疑說：「這猴子因為想炫耀自己的靈巧，憑恃自己的敏捷在我面前得意洋洋，才落得這樣的下場。你要引以為戒呀，不要拿你的地位去向別人炫耀！」

這件事讓顏不疑震憾不已，他回國後就拜賢人董梧為師，壓抑自己的驕氣，遠離美色聲樂，甚至自願從高位退下來，全國人都稱讚他的德行。

二〇〇七年，豐田汽車的銷售量達到世界第一，取代美國通用汽車成為全球汽車業的龍頭。通用公司每賣掉一輛車平均能賺一百八十美元，而豐田汽車的利潤卻是一千七百美元。豐田公司的這種高產值，來自於他們的企業文化「革新」。「革新」就是持續改善的意思，豐田汽車從生產部門到技術研發部門，到處充滿著這種「革新」文化的氣息。

回想豐田汽車剛進入美國市場時，產品品質被發現有瑕疵，豐田汽車公司不得不支付了高額賠償金。

自從「革新」文化引進公司之後，豐田汽車原有的瑕疵得到改善，豐田汽車的「革新」文化一直持續著，數十年不變，這就是虛心接受的態度。虛心的態度，使他們願意向任何人學習，並把學到的東西實際應用。

水往低處流，知識和經驗也是如此，如果一個人不懂得虛心放下身段，那麼他將失去機會。傲慢的人之所以得不到長久的發展，就是因為他們自己放棄了機會。

第三章　豁達為人處世

人要經歷多少苦難，才換來一次在人間的輪迴。不要讓心靈糾結於世俗的得失之間，豁達置之才可達到內心的安寧。

堅守原則，心態豁達以擺脱嫉妒；反躬自省，擺脱面子困擾，記人好忘人過，尋人優點；「榮辱不驚，看庭前花開花落。去留無意，望天外雲卷雲舒」。

安貧樂道，無慾則剛

《後漢書・韋彪傳第十六》載：「安貧樂道，恬於進趣，三輔諸儒莫不仰之。」

子曰：「賢哉，回也！一簞食，一瓢飲，在陋巷，人不堪其憂，回也不改其樂。賢哉，回也！」。顏回以竹子做的簞盛飯，用木頭做的瓢舀水，在簡陋的巷子裡住著。這樣的窮苦生活一般人都會怨聲載道，但是顏回卻始終感到滿足和快樂。因為他的心裡有自己的人生信念，並不為世俗所累，這就是所謂的「安於貧而樂於道」。

安貧樂道是儒家提倡的立身處世的態度，但真正的實踐之人卻少之又少。滾滾紅塵迷俗眼，繁華奢侈人人羨。眼裡流連的盡是旖旎的人間繁華，誰還肯瓢飲簞食，陋巷安貧？

有一位少女，擁有傾國傾城的美貌，但卻被錢財迷了眼，一心只想追求錦衣玉食的安逸生活。她嫁給了一個年紀可以當她爺爺的富翁，擁有數不盡的財富。

新婚的少女沉醉在紙醉金迷的生活，但是時間一長，她的內心卻開始空虛了起來。豪華的住宅、盛大的宴會再也提不起她的精神了，她開始整日悲苦難言。後來，她的朋友過來看她，見她這幅模樣，忍不住問她：「妳那麼年輕貌美，現在又擁有這麼多的財富，生活不是應該很幸福嗎？」

「不，我一點也不幸福，什麼事情都不順心，跟丈夫也沒有共同語言。」

「難道就沒有一致的時候嗎？」

「有，上次廚房失火，我們是一起跑出來的。」

有人說，現代社會是「笑貧不笑娼」，你可以運用骯髒的，甚至是卑鄙的手段來獲取錢財，但是你不能沒有錢。沒有錢就沒有社會地位，沒有社會地位就會被人所不齒；但是錢，從來都不會是幸福的全部。少女坐擁一座金山，卻仍然感到空虛、悲傷。物質上的豐足並沒有使她獲得快樂，相反的她卻找不到支撐她的生命信念。

綠油油的草坪上坐著一位孤獨的年輕人。衣衫襤褸，神色無光，眼睛呆滯著望著草坪前被吹皺的一池春水。

一位智者經過他的身邊，好奇地問：「年輕人，這大好時光，你為何不去做一些有意義的事情，而是在這裡發呆呢？」

「唉！」年輕人嘆了一口氣說：「在這個世界上，除了我自己的身體外，我一無所有。何必耗費體力和腦力去做什麼事呢？每天在這裡吹吹風，看看景色，就是我的人生了。」

「你沒有家？」

「沒有，與其承擔家庭的負擔，不如乾脆沒有。」

「你沒有你的所愛？」

「沒有，與其愛過之後便是恨，不如乾脆不愛。」

「沒有朋友？」

「沒有，與其以後還會分離，不如乾脆沒有朋友。」

「你不想去賺錢？」

「不想。千金得來還復去，何必勞心費神動身體？」

「哦！」智者若有所思。

「看來我得趕快幫你找根繩子。」

「為什麼？」年輕人不明所以。

「幫你自縊啊！」

「你想讓我死啊，太狠毒啦！」年輕人不高興。

「我這是遵從你的邏輯呀。人有生就有死，與其生了還會死去，不如乾脆就不出生。你的存在，本身就是不應該的，不是嗎？我讓你自縊不是在幫你嗎？」

人的一生，可以沒有金錢沒有名利，但是如果像故事中的年輕人一樣，連希望和信念都沒有，那活著又有什麼意義呢？既不能使自己解脫，也無法為他人帶來快樂，那真不如死了算了。也許人的生命本身就是一片空白的紙，沒有任何的意義，所以我們要好好活著，將這張白紙畫成一幅畫。

賦予生命一個高潔的信念，你將無懼別人的眼光和流言蜚語，飛向高遠的天空，去觸碰屬於生命的長久的快樂。

天空中，一隻白鶴正在展翅翱翔。人們看到了，忍不住讚嘆說：「快看啊！那隻白鶴多麼高雅啊！姿態多麼美妙，真好看！」

地上的孔雀聽了不服氣，慢慢地展開了自己漂亮的羽毛，立刻就引起了人們的注意。大家開始議論紛紛，讚不絕口。

凡人說：「和白鶴比起來，還是孔雀漂亮。你看那些羽毛，五顏六色，金碧輝煌，白鶴就只有一種單調的白色。」

智者卻反駁說：「孔雀雖然漂亮，但牠只能像雞、鴨這些家禽一樣在地上行走，而白鶴卻在藍天之上，所以孔雀再怎麼漂亮，也是俗氣的」

志趣和信念是一縷清泉，能洗去凡塵俗世中的鉛華。即使沒有錦衣玉食的生活，在心中自有一處桃花源。

被嫉妒纏身，就是被憂愁纏身

《聖經》將嫉妒稱作「凶眼」，將兇險和災難投射到其所能及的範圍。

有一個故事相傳已久，叫《妒婦津》。相傳劉伯玉的妻子斷氏有嫉妒之心。劉伯玉在看過曹植在《洛神賦》中所寫洛神的美麗後，驚嘆於賦中所描繪的美人天姿。斷氏聽到後，不由得怒火中燒：「君何得以水神美而欲輕我？我死，何愁不為水神？」於是，竟真的投水自殺，後人將她投水的地方稱為「妒婦津」。據說，只要是女子過此津，切不可盛妝打扮，否則就會驚動斷氏的嫉妒之魂，風波大作，不得安寧。

可憐斷氏，只因為丈夫對一個字間美人的讚美，嫉妒之心頓起，最終斷送了自己的性命，豈不悲哉？

留意身邊的人，檢視一下自己，你會驚覺，嫉妒經常陪伴著我們的左右。看到有人比自己強，比自己過得好就嫉妒；看到有人買彩券中了大獎也要嫉妒；看到別人的收入比自己高也嫉妒……在人類的心理中，也許沒有比嫉妒更奇怪的情緒了。一方面，它極其普遍，幾乎是人所共有。另一方面，它又似乎不光彩，人人都把它當作一樁不可告人的罪行隱藏起來。

結果，它便轉入潛意識中，猶如一團暗火灼燙著嫉妒者的心，這種折磨可以使人發瘋。當嫉妒變成一把利劍傷到別人，也傷到自己的時候，人們才開始後悔。

嫉妒是一把雙刃劍，既損人又不利己。嫉妒的人活得累，每天要審視別人之長來衡量己之短，於是永遠生活在一種強烈的心理不平衡中。

擺脫嫉妒的纏身，是擺脫一種卑下的情感，讓自己活得更加坦蕩。而豁達，是治療嫉妒的一劑良藥。

有一家牙膏工廠，廠長招集所有幹部為提高銷售業績設法。所有的人聚在一起，討論可行的方法。他們想了各種的辦法，改換包裝、促銷、買一送一……可是銷售業績仍是平平。最後有人建議，把牙膏的口徑擴大2mm，這樣用戶的使用速度會加快，速度加快了購買週期就會縮短，銷售量自然就會上升。

事實，新的牙膏推出市場之後，銷售量果然提高了不少。

故事中微不足道的2mm，卻成就了銷售量的提升。正是因為這2mm，擴大了牙膏的口徑，也開拓了市場。

那麼人呢？人的心胸能不能也擴大一些，豁達一些呢？

豁達是一種超然的胸懷氣度，能容許多人之所不能容，可以讓世界海闊天空，可以讓爭吵的朋友重歸於好。豁達是一種博大的胸懷、超然灑脫的態度，也是人性最高的境界之一。

不放過別人，其實就是不放過自己。嫉妒者用嫉妒在中傷別人的同時，其實也是在傷害自己，所以不要輕易去嫉妒別人，那樣會蒙住你的眼睛，蒙住你的心靈；而面對嫉妒者時，也要以豁達的心態處之。很多人對嫉妒的中傷，最容易做出的也是最下策的反應就是反唇相譏。可是這樣，我們會因為別人的無聊而使自己也變得無聊，甚至有可能陷入一場曠日持久、使心智疲憊又毫無意義的糾葛中。

有一句禪語：「別人想給你一種東西，你不接受，那麼這個東西還是那個人的。」

英國詩人拜倫也說過這麼一句話：「愛我的我報以嘆息，恨我的我置之一笑。」禪與拜倫都用豁達的心態去對待嫉妒，而使心靈得以安祥。

每個人的一生都有陷落低潮的時候，與其抱怨世事繁雜，還不如嘗試著用豁達去撥開雲霧，每個人也有春風得意的時候，那時的自己很有可能要面對別人的蜚短流長，「嫉妒」這個凶眼所投過來的怨毒帶著中傷人心的力量。

與其去在意無謂的中傷，還不如嘗試著用豁達的心態去面對，報以微笑，那笑容裡會有聖潔的光輝，讓別人自慚形穢的同時，也淨化著自己的心靈，讓自己不再受嫉妒的糾纏，不再被其所累活在痛苦之中。

面子，人生最沉重的重擔

面子，是「中文」特有也是一個最俱特色的詞語，其他語言很難將其精髓準確而又傳神的翻譯。

中國人對面子的摯愛是天下聞名的，但是面子到底是何物？為何要愛面子？

哲學家說：「人們經常追求的是自己並未理解的。」從字義上來說，面子指的是人的臉皮。正所謂「人要臉，樹要皮」，人的臉通常是人們觀察評判的環節，要記住一個人，先要記住他的臉。而臉皮處於臉的表層，於是就有人造出了「面子」一詞。

然而，面子經過時間的洗禮，本義早已被人遺忘。現在所指稱的面子，總是與一個人的人格、自尊、榮譽、威信等聯繫在一起。一般人都會有面子的概念，在不知不覺中去滿足、維護。因為「有面子的人」可以獲得他人的喜愛、尊敬、信任、友誼，成為結交朋友、吸引他人的一種條件，成為滿足自尊需要，交際需要的重要手段；因為「有面子的人」可以獲得他人的讚揚、羨慕、尊重等，滿足自己的榮譽感；因為「有面子的人」說話有人聽，行為有人仿，擁有深遠的影響和感染力；因為「有面子的人」可以給自己更大的信心、尊嚴，成為自己進步的重要驅動力。

面子，並不是臉上的那一層皮，它存在於人的腦海中，似有還無，但卻實實在在的存在著。面子兩個字，說出來很輕，但份量卻很重。

然而有太多的人過分鐘愛面子，把面子看得很重，最終在心裡留下了一個重擔，揮之不去。

很久很久以前，住在森林裡的鳥兒大多數都不會唱歌。有一天，從很遠的地方飛來了一隻很會唱歌的雲雀。牠一張口，森林裡就響起了悅耳動聽的音符。森林裡其他的鳥兒都陶醉了，牠們紛紛去請求雲雀教牠們唱歌。

所有鳥兒苦苦的懇求，雲雀答應了。

第一天的教學從基礎的音符開始。牠教一聲，大家就唱一聲。教了一會兒，雲雀為了檢驗學生們學習的情況，讓牠們一個個的站出來單獨試唱。第一個點的是烏鴉，烏鴉站了起來，不好意思的低頭發出了聲音。因為牠的羞澀，發出的音符走了調，大家於是哄堂大笑了起來。大家的笑聲讓烏鴉羞得臉紅脖子粗，心裡想著：「好丟人啊！在這麼多人面前唱難聽的歌，醜死啦！」

雲雀要求大家停止笑聲，準備單獨輔導烏鴉。於是牠請烏鴉大聲再唱一遍，以糾正其發音。但是烏鴉心裡卻想著：「這不是存心要丟我的面子嗎？我才不願意再丟臉呢！」於是一聲也不吭，憤怒的飛走了。從此以後，烏鴉再也不去學唱歌了。

烏鴉飛走後，雲雀繼續讓其他的鳥兒試唱。許多的鳥兒在最初的幾次發音裡，也像烏鴉一樣走了調，大家也同樣嘲笑牠們；但那些鳥兒卻沒有像烏鴉那樣飛走，而是認真聽從雲雀的指導，耐心學了下去。漸漸地，大家的音調越來越準確。最後，森林裡的鳥兒都在雲雀的教導下學會了唱歌。

只有第一個試唱的烏鴉，到現在還不會唱歌。偶爾叫喊幾聲，仍然是當初走調的聲音。人們甚至聽到牠難聽的叫聲，把牠與不吉祥的事情連想在一起。

烏鴉因為當初的死要面子，而失去了學習的機會，永遠停留在最初的水準。現實生活中的我們有時候就像是故事裡的烏鴉，因為害怕丟面子，害怕出糗被人嘲笑，結果讓自己永遠無法進步。

放下面子，以寬大的胸懷去對事對人，你將擁有人們自心底深處發出的欽佩和尊敬。而你也能放下心裡的重擔，擺脫面子的困擾，活得更加坦蕩自如。

有一位世界級的小提琴演奏家，琴藝非常的了得，大家都認為不會再有人超越他。他在指導學生演奏時，從來都不說話。每當學生拉完一首曲子之後，他會親自再將這首曲子演奏一遍，讓學生領會拉琴的技巧，小提琴家認為比較才是最好的教育。

每次當這位小提琴家收新學生時，都會要求學生當場表演一首曲子，一來是作為拜師的一種禮俗，二來也可以聽聽學生的水準，而能夠因材施教。

又到了收新學生的時候了。其中一位新學生按規矩表演了一首曲子，琴音一起，每個人都聽得目瞪口呆，因為這位學生表演得相當好，出神入化的琴音有如天籟。

一曲完畢，小提琴家在大家的驚嘆聲中照例提著琴上前。然而這一次，他卻把琴放在肩上，久久不動。

終於，小提琴家把琴從肩上拿了下來，這次他沒有像以往那樣拉琴。他深呼吸了一會兒，接著滿臉笑容走了下來。眾人面面相覷，不知道發生了什麼事。

小提琴家微笑地向大家解釋：「你們知道嗎？這個孩子琴拉得太好了，我恐怕沒有資格指導他。最起碼在這首曲子上，我的表演將會是一種誤導。」

一陣沉默之後，所有人不約而同的鼓掌。這是對那位學生的讚揚，更是對小提琴家所表現出的風範所誠服。

故事中的小提琴家不為盛名所累，不因人們的眼光而死要自己的面子，結果，他贏得了更大的尊敬。

面子是一副無形的枷鎖，在不知不覺中鎖住了自己的心靈。是時候放下面子了，是時候給自己的心靈放個假了，把面子這副枷鎖丟掉，你會發現，不談面子反而海闊天空。

記憶，只保留別人的施予

記憶，很奇妙的東西，它就像是人生過程的記錄器，記錄下你走過的種種，在你的腦海裡留下聲音、畫面，最重要的是它帶給你一種感受，帶給你一份領悟。你記住什麼，忘記什麼，在某種程度上決定了你的人生模樣。

有一個故事，很經典不妨再敘述一次。

傳說中，有三個很要好的朋友，他們相約去旅行。但在旅途中，他們因為一些事情而爭執了起來。

其中一個人一時控制不住自己，出手打了朋友一巴掌。

被打的人不發一語，在沙子上寫下一句話：「今天，我的好朋友打了我一巴掌。」

接著他們又繼續往前走，途中遇到一條河。

被打的人不諳水性，無意中掉下了河差點被淹死，幸好被剛才出手打人的朋友救了起來。

被救起的朋友還是不發一語，在石頭上用小刀刻下一句話：「今天，我的好朋友救了我一命。」

第三位朋友不禁覺得奇怪，於是問說：「為什麼他打了你以後，你寫在沙子上，而救了你之後，你卻刻在石頭上呢？」

寫下話語的那個人回答說：「把傷害寫在沙子上，風會負責抹去它，我就會忘記傷痛；把恩惠寫在石頭上，就會永遠鐫刻在我的心裡，讓我心存感激。」

在腦海中記住欠別人的，是為了記住別人的好，學會感恩；而忘記別人欠你的，是為了忘記傷害和痛苦，學會寬恕。

一六二〇年，「五月花」號船從英國起航，開往美洲。

船上是一百零二名為逃避英國國內宗教迫害的清教徒。一六二〇年和一六二一年之交的冬天，他們遇到了難以想像的困難，處在饑寒交迫之中，這是一個毀滅性的冬天。就在這時，心地善良的印第安人給新移民送來了生活必需品，還特地派人教他們怎樣狩獵、捕魚和種植玉米、南瓜。

在印第安人的幫助下，新移民們終於獲得了豐收，生活逐漸安頓下來。在歡慶豐收的日子，按照宗教傳統習俗，新移民制定了感謝上帝的日子，並且熱誠的邀請幫助過他們的印第安人，一起來慶祝這個美好的節日。

這就是西方感恩節的由來。後來，經過了華盛頓、林肯與羅斯福這三位美國總統而最終確立下來。

這不是一個普通的慶祝節日，而是以法律的方式，將感恩這個流淌在人類血脈中的善恒定下來。

感恩是靈魂中所貯藏美的呈現，在人類精神的天空中，感恩不是飄忽而逝的雲彩，而是雲彩背後一片潔淨的湛藍。感恩不是偶然而是永恆，懂得感恩的心，是存在這個世界上最美的心靈。

記住別人對自己的好，記下自己對別人的虧欠，能讓我們永遠心存善念，胸中滿溢幸福。然而，還有一種美德更難做到，那就是忘記別人欠你的，忘記別人對你的仇恨和傷害，學會寬容。

相傳在陸贄任唐朝宰相時，曾經聽信小人的讒言，誤認當時的太常博士李吉甫結夥營私，於是一聲令下，將其貶出朝廷，到明州做一個長史。不久，陸贄被罷相，也被貶到了明州附近的忠州當別駕。接任的宰相知道李、陸曾經有過私怨，便玩弄權術，特意提拔李吉甫為忠州刺史，讓他去當陸贄的頂頭上司，意在借刀殺人，藉由李吉甫之手想把陸贄幹掉。

不料李吉甫不記舊怨，上任伊始，便特意與陸贄飲酒結歡。當時宰相的借刀殺人之計瞬間成了泡影，而陸贄被李吉甫的大度寬容所感動，於是協助他把忠州治理得一天比一天好。

忘記別人對你的虧欠，可以讓自己得到解放。你寬恕了，你的怨恨、責怪、憤怒就沒有了。寬恕是消除怨恨、責怪、憤怒的良藥。念念不忘別人的壞處，實際上是讓自己的心靈受害，讓自己痛苦不堪，這又是為哪般呢？記仇的人，輕則自我折磨，重則就可能導致瘋狂的報復，最後的結果是自我毀滅。人們常說，生氣是用別人的過錯來懲罰自己。那麼要如何對待別人的過錯呢？那就是忘記與寬恕。

忘記別人對你的虧欠，才能開闊自己，在人與人之間，人們誤以為「仇人」的，到底有多少是真正的「仇人」呢？就算是仇人，如果對方能心存歉意，誠惶誠恐，而你不念舊惡，禮儀相待，那麼對方自會感念其誠，仇也能變成善。

記住欠別人的，忘記別人欠你的，那麼無論你走在哪，都會是春光明媚的好風景。

眼裡，需要看見的只有優點

有一個新婚女子，每次回到娘家都會對父親抱怨婆婆的不是。

女子的父親聽過幾次後，覺得女兒再這麼抱怨下去，很可能會發生不好的事情。於是，當女兒又在抱怨的時候，父親拿出了一張白紙。

父親在白紙上畫了一個點，然後問女兒：「妳在這張紙上看到了什麼？」

女兒說：「一個黑點啊！」

父親在之前的黑點旁邊，又畫了一個點，再次問女兒：「現在，妳看到了什麼？」

女兒不假思索的回答：「不就是兩個黑點嘛！」

父親笑著說：「妳看，這麼大一張白紙，妳只看到上面那麼小的兩個黑點，難道就看不見其他的地方都是由白點組成的嗎？」

聽了父親所說的話，女兒愣住了。此後，這個女子再也不再說婆婆的不是了。

從這個小故事中，你能得到什麼啟示呢？

會不會發現很多時候，我們也會像故事中的女孩一樣，只看到那顯眼的黑點，而忽略了那一大片的白點呢？

任何事物都不會盡善盡美，好與壞、優點與缺點，就像是一對雙胞胎，依附在天地萬物的身上，當然也包括人類。

生活是一門高深的課程，每個人都要花一輩子去學習。在這個世界上，有許多人活得並不快樂，原因不在於自己有缺點，而是因為別人有缺點。人往往看不見離眼睛最近的地方，比如睫毛，譬如自己的缺點；不是因為眼睛的問題，而是心靈的問題。

傳說，普羅米修士在創造人的同時，在人的脖子上掛了兩只口袋，一前一後。一只裝著別人的缺點，一只裝著自己的缺點。裝別人缺點的袋子掛在人的脖子前，裝自己缺點的袋子卻掛在人的脖子後。所以，人們總是能夠很快發現別人的缺點，因為它在眼前；但卻看不到自己的缺點，因為它在身後。

如果一直只盯著別人的缺點看，你會變得盲目，變得尖酸刻薄；其實，學會尋找他人的優點，欣賞他人的優點，你會變得更快樂。

春天到了，花園裡的花爭相競艷，玫瑰將它的美麗盡情盛開，並散發出一陣又一陣誘人撲鼻的清香，引得人們紛紛駐足觀賞，就連其他花朵都為它的嬌豔所傾倒。

而在玫瑰旁邊，卻是長得瘦瘦長長的雞冠花，雖然花朵像雞冠一樣紅，但卻缺少妖嬈的手姿和萬種的風情。

當它看見玫瑰高貴迷人的花朵，覺得自己真是不好看。於是它帶著羞愧又羡慕的口吻對玫瑰花說：「玫瑰啊！你的花朵真漂亮，簡直就是花園裡的皇后！每個人看到你都忍不住要停下來，欣賞你那柔媚的姿態。即使是神，也會被你的美麗吸引。雖然我長得不好看，但是我真心地祝福你永遠都那麼美麗、芬芳，給世間帶來美好。」

聽到雞冠花對它的讚美，玫瑰的心裡十分開心但不驕傲，因為它深知自己也是有缺點的。

玫瑰對身邊的夥伴說：「雞冠花，謝謝你的稱讚。我的外表雖然美麗，但是能夠維持的時間卻不長。只要風吹大一點、雨下多一點，我的花瓣很快就會掉落。即使沒有颳風下雨，沒有人來攀折，也是很快就會枯萎了。而你卻不同，一直是那麼的堅強，無論颳風下雨，始終開著花朵，是那麼的健康和有朝氣！」

雞冠花感動於玫瑰的謙遜，玫瑰則感謝雞冠花對自己的欣賞，它們從此成了無話不談的好朋友，一起吞吐著芬芳，裝點著人間，花園變得更加的美麗了。

欣賞別人的優點是對他人的肯定，是一份珍貴的禮物，其價值是用金錢無法衡量的。一位心理學家曾經說過：「人最本質的需要是渴望被肯定。」對他人的欣賞可以滿足了別人的這種心理需求，像火把一樣照亮別人的生活，也照亮了自己的心田。

現代社會充滿了競爭，競爭讓我們有時候忘記了內心中最初的善念。為了在競爭中取得勝利，我們常常錯誤的把重點放在對方的缺點上，總以為只要抓住了對方的弱點，我們就能不戰而勝或取而代之。實際上，這麼做的結果可能是徒勞無功。在我們為弄清對方的缺點而焦慮、費神的時候，對方已與我們拉開了距離。如此，我們還有什麼精力去和他人競爭？我們只要知道對方比我們強在哪裡，雙方之間有多大的差距就可以了。因為，最終讓我們得到勝利的，不是對方的失誤，而是我們的努力。所以，不要再把心思放在尋找他人的缺點上，你會活得很累，也會在不知不覺中拉開與他人的距離。

人有缺點，但更多的是優點，就如同世界上始終都是好人多、壞人少一樣。不管他是誰，總有讓我們敬重之處，總有獨到之處，不管他曾經做過什麼，他總有我們自己望塵莫及的地方。

與其為尋找他人缺點，廝殺得頭破血流，不如我們用寬廣的心胸去發現彼此的優點，你會發現在尋找優點的過程裡，你會感受到更多的美好，而這些美好也會漸漸滲透你的生活，為你帶來快樂。

第三篇

惡習蠶食我們的生命，毀滅我們的幸福；壞習慣一旦養成，不但影響終生，後患無窮，並且遺害不盡。

所謂「江山易改，本性難移」，惡習想改很難，不過，也有肯堅定決心者，扭轉了多年弊習，改變了自己的人生。

譬如常常口出惡言，沒有人緣，若能多說好話，人緣就會跟著變好了，運勢也會隨之改變。

第一章　追求最好的習慣與想法

人的一生總有自認為最好的東西，包括習慣、愛好、生活、目標和理想。

這些你認為最好的往往能夠激發你的熱情，讓你為之瘋狂而後熱切地去追求，當然這些不止於物質還包括著精神上的一切。

認定了哪些是你要追求的最好的習慣與想法，就要即刻行動，不要屈服於現狀和困境，在追求中勇往直前，在困境中不等待、不絕望，主動創造機會為成功奠基，因此哪怕是屢戰屢敗之後也不輕言放棄。

勿屈於現況而埋沒才華

貝多芬自幼就表現出與眾不同的音樂天分。十七歲時，他向音樂大師莫札特求教，經過莫札特的指導和專心致志的勤學苦練，貝多芬逐漸成長為一名傑出的音樂家，創作了無數的音樂作品。但從一八一六年起，貝多芬的健康狀況卻越來越差，後來耳病復發不久就全聾了。身為一個音樂家失去了聽覺，似乎意味著自己將要離開所喜愛的音樂殿堂，這個打擊簡直比被判了死刑還要痛苦。

但是貝多芬以「我將扼住命運的咽喉，它絕不能使我屈服」，的聲音來告訴世人。於是，貝多芬又開始了與命運的長期抗爭。除了作曲外，他還想擔任樂隊指揮。在第一次預演時弄得大亂，他指揮的演奏比台上歌手的演唱慢了許多，使得樂隊無所適從，混亂不堪。當別人寫給他「不要再指揮下去了」的紙條時，貝多芬頓時臉色發白，慌忙跑回家。此時的他，痛苦至極，不言不語。

即使是經歷這樣的打擊，也沒使他意志消沉，耳朵聽不到，他就拿一根木棍，一頭咬在嘴巴，一頭插在鋼琴的共鳴箱裡，用這種辦法來感受聲音。這樣，他不僅創作出了比過去更多的音樂作品，還能登台擔任指揮。一八二四年的一天，貝多芬指揮他的《第九交響樂》，贏得全場一致喝采，共響起了五次熱烈的掌聲，然而，他卻絲毫沒有感覺到，直到一個女歌唱家把他拉到前台時，他才看見全場紛紛起立，有的揮舞著帽子，有的熱烈鼓掌。

耳聾的現實對於一個音樂家來說是致命的打擊，一個無法聽到音樂的人怎麼去創造音樂呢？聽起來不可思議，但是貝多芬為了自己的執著而不向現實屈服，而是以驚人的毅力追求著自己熱愛的音樂，這要歸功不屈服於現實的心。

《老人與海》這部作品中，老人有這樣一句話：「一個人並不是生來就要被打敗的；人盡可以被毀滅，但卻不能被打敗。」這就是《老人與海》想揭示的哲理。人不能向現實屈服，凡屈從於現實的人，縱使體內有多麼豐富的才華，也將無法發揮出來。

不可否認，現實生活中只要是人就都會有缺陷。當一個人承認了這個缺陷，努力去戰勝它而不是去屈從它的時候，無論最後是捕到一條完整的馬林魚還是一副空骨架，這都已經無所謂了，因為一個人的生命價值已在那追捕馬林魚的過程中充分地展現了。曾經為自己的理想努力追求過、奮鬥過，難道他不是一個勝利者嗎？老漁夫就是敢於挑戰自身缺陷及自己勇氣和信心的勝利者。從世俗勝利的角度看，老漁夫不是最後的勝利者，因為儘管開始他戰勝了大馬林魚，但是最終大馬林魚還是讓鯊魚吃了，他只是帶著大馬林魚的白骨架子回到了岸上，也就是說，鯊魚才是勝利者。

可是，他始終沒有向大海沒有向大馬林魚，更沒有向鯊魚屈服、妥協和投降。就如音樂大師貝多芬所說：「我可以被摧毀，但我不能被征服。」

人性是強悍的，但人類本身有自己的限度，正是因為有了老漁夫這樣的人，一次又一次地向限度挑戰，超越它們，這個限度才會一次次的擴大。

人生本來就是一種無止境的追求，對幸福生活、對成功事業、對興趣愛好等等一切美好事物的追求，總之只要確定目標，就要熱切的去追求，只要自己勇敢頑強地以一顆不向現實、困難屈從的心去迎接挑戰，就將永遠是一個真正的勝利者。

別讓懶惰操縱自己的人生

懶惰是一種心理上的厭倦情緒，其表現的形式非常多樣，包括不能愉快的與親人或朋友交談，儘管你很希望這樣做；不能從事自己喜愛的事，不喜歡從事體育活動，心情也總是不愉快；整天苦思冥想而對周圍漠不關心；日常生活毫無秩序，無法自我要求，做事不專心，沒有責任感，不知道人生的目的，甚至不能主動思考問題。懶惰如果在你的身上紮根，你的身體、生活乃至人生，是不是都會被它操縱？

有一隻百靈鳥是森林裡最美麗的鳥，當牠飛起來的時候，身體像一條銀白色的線；翅膀像彎彎的彩虹橋，真是美麗極了！而牠卻有一個缺點就是懶惰。

有一天，百靈鳥看見小田鼠抓了一大堆的蟲子，百靈鳥上前搭訕的說：「你能不能給我一條蟲子吃？」

小田鼠說：「好啊！不過你要用你美麗的羽毛和我交換。」於是，百靈鳥就拿自己又美又長的羽毛來換取蟲子吃。

從此以後，百靈鳥因為懶惰不去覓食，就常常拿羽毛與小田鼠換蟲子吃。久而久之，百靈鳥身上的羽毛越來越少，飛也飛不動了。終於，百靈鳥拔下自己最後一根羽毛到路邊等待小田鼠來到。小田鼠沒來，倒是大花貓來了，可憐的百靈鳥已經無法飛起來了。當大花貓咬住渾身光溜溜的百靈鳥時，牠只能懊悔不已：都是懶惰惹的禍！

對一位渴望成功的人來說，最具破壞性的就是懶惰，也是最危險的惡習，它使人喪失進取心。一旦開始懶惰便會遇事推拖，直到變成一種根深蒂固的習慣。習慣性的拖延者，通常也是製造藉口的專家。如果你存心拖延逃避，你就能找出成千上萬個理由來辯解為什麼事情無法完成，而對事情應該完成的理由卻是少之又少。把「事情太困難、太昂貴、太花時間」等，一切的理由合理化，這要比讓我們相信「只要更努力，就能完成任何事」的念頭容易。

有一個做任何事都嫌太辛苦的人，他做過的每一份工作，從來都沒有超過十天。父親為此非常擔心，於是四處幫他打探工作機會。許久後，一位朋友帶來佳音，他為這個年輕人找到了一份非常輕鬆的工作，年輕人什麼都不必做，只要每天坐在椅子上，就算完成這一天的工作。這工作是墓地看守人。父親覺得這個工作合適極了，因為只要每天坐在椅子上，就算完成這一天的工作。這對於懶惰的兒子來說，是再合適不過的了。

可是誰也沒想到，三天之後，年輕人又失業了。父親以為實際的工作內容與先前所說的不同，便問年輕人是否因為這是一份辛苦的工作而辭職。年輕人對父親說：「世伯說的沒錯，我只要坐在椅子上就可以了。可是我覺得還是太不公平了！整座墓地的人都躺在那裡，只有我坐著，這實在是太辛苦了也太不公平了。」懶惰的人，簡直讓人不可思議吧！他竟然會拿自己去與死人相比較。再仔細想，這就是懶惰的害人之處吧。

面對惰性，有的人渾渾噩噩，意識不到這就是懶惰；有的人每天都在寄望明天，幻想美好的未來；更多的人雖然是極力想去克服這種行為，但往往不知道如何下手，因而得過且過，日復一日。

因此，我們做了以下的幾點建議：

1、要學會微笑

當你不再用冷漠、生氣的面孔去面對周遭的人時，你會發現大家其實都很喜歡你，重視你，那你將會心情愉悅的完成每件事。

2、要注重小事

去做一些難度小的事或是你最喜愛的事，也可以做些你想了很久的事。不要看結果如何，只要過得充實愉快，你會發現許多小事成就了大事。

3、要保持樂觀

遇到挫折時，生氣是無能的表現。正確的做法應該是冷靜去思考問題所在，或是自我解脫，或是與別人商量，必能帶來喜悅，使你更加成長。

4、學會肯定自己

如果改變方法也不能完美的達成，只是技術不熟，或是還需改善其中的某些方面，不要只為了一個不完美的結果而去否定自己。

克服懶惰，正如克服任何一種壞毛病一樣，是件很困難的事情。但是只要決心與懶惰分手，在實際的生活中持之以恒，那麼懶惰也將隨風而去。

戒除惡習也要戒除惡念

思想決定行為，行為決定命運。要改變運勢，就要先改變行為；而要改變行為，先要改變思想。同樣的道理，認識一個人也要從認識他的思想開始。一個人腦中想些什麼，手上就會做些什麼，而且大多數情況下都是潛意識的表現。思想高尚的人，不會做些雞鳴狗盜、偷雞摸狗的事情；而思想齷齪的人，也不可能成就什麼驚天動地的大事業。

思想可以跑得比光速還快，瞬間能穿越時空，到達遙遠的地方，甚至可以追古溯今；思想可以走得比烏龜還慢，當頭髮雪白時，它仍是個小孩的模樣；思想可以不前進也不後退、沒出生也沒死亡，始終漂浮在一個定點。這三種都是思想的表現，換個角度來看，也可比喻成三種人生。

第一種是積極奮鬥的人生，當一個人不斷力爭上游，對明天永遠充滿希望，心靈便不受時空限制。

第二種是懶惰不為的人生，永遠落在別人的後面，撿拾他人丟棄的東西，註定會被社會遺忘。

第三種是醉生夢死的人生，當一個人放棄努力、苟且偷安時，生命是冰凍的，既不快樂也無所謂痛苦；這是一個註定悲哀的人生，不在現實世界，只能生存在夢境裡。

思想主宰著一個人的行為，決定著一個人的一生。有積極思想的人，人生會變得有聲有色；有消極思想的人，人生會變得黯淡無光。

良好的思想和行動就會產生良好的結果，心存邪念、多行不義必定會有不好的下場，就像古語所講的：「種瓜得瓜，種豆得豆」。人們都清楚在自然世界裡，這個法則無時無刻不發揮著作用，時時刻刻都遵循它去運行。但是很少有人清楚在精神和道德世界裡，它同樣適用而且屢試不爽。

如果一個人的思想不和諧，那麼他就會遭受苦難；反之，一個人內心達到和諧，那麼他就會感到無比的幸福和快樂。這種幸福不是擁有物質上的財富，而是擁有內心的寧靜平和；這種悲慘和苦難不是指因為缺少了物質財富，而是遭受了心靈矛盾的煎熬。有的人腰纏萬貫卻邪惡無比，因此他也感受不到知足的幸福；有的人雖然一貧如洗，卻能得到他人的祝福，因而感受到人群的溫暖。只有當富有的人正確明智地利用自己的財富，幸福和財富才會結合起來。如果窮人整天埋怨命運，他的處境就只有越來越淒苦悲慘。

存在於我們心中的不同的思想，不論是好的還是壞的，都必然塑造出相應的品格和環境。一個人無法直接選擇自己所處的環境，但是他可以選擇自己的思想，一個人的內心存在什麼樣的思想，他的人生就會得到什麼樣的結局。無論是善良的思想還是邪惡的思想，一旦在內心樹立，便會很快地應用於實踐，呈現在人的行為習慣中。如果人能夠改變邪惡的思想，就會發現這個世界的一切都是那麼美好，所有的人都是和顏悅色，而且隨時隨地準備幫助他。如果能夠放棄軟弱、卑俗的不良思想，機會之門就會敞開。世界就像一個萬花筒，無時無刻都在向你呈現一個五彩繽紛的圖案，就像思想編織成的畫一樣，只要改變想法，世界就會展現另一個景象。

惡念是一切罪惡之源，我們要想虔誠、仁愛則不僅要戒除惡行，更要戒除惡念，從而快快樂樂地生活。

憤怒其實就是自我毀滅

心理學認為，憤怒是一種不良情緒，是消極的心境，它會使人悶悶不樂，進而破壞人與人之間的關係，阻礙情感，導致內疚與沮喪。憤怒會導致高血壓、胃潰瘍、失眠等疾病。據統計，情緒低落、容易生氣的人患癌症和神經衰弱的可能性要比正常人高。憤怒像一種心理上的病毒，會使人重病纏身，一蹶不振，其危害絕不在生理病毒之下。

古代羅馬帝國有一位軍事領袖，有一次他派遣了二名士兵去偵查敵情，因為身處敵營，所以二人分頭去探查。

數日後，只有一個士兵偵察回來，但無法清楚報告另一名士兵的下落。這位軍事領袖憤怒極了，當下斷定另一名士兵是被敵軍抓走，而回來報告的這名士兵就是敵軍的臥底，立即決定處死這個士兵。就在這個士兵被帶往行刑時，失蹤的士兵回來了；劊子手立刻停止行刑，並趕快向軍事領袖報告。

結果出人意料，這位軍事領袖由於判斷錯誤而惱羞成怒，處死了三個人。第一個士兵被下達的死刑命令並沒有改變；第二個士兵由於沒有及時歸來，造成第一個士兵被處死，因此也被處以死刑；第三個是劊子手，因為看到第二個士兵回來，而沒有執行命令，為此也一併被處死了。經過了這個事件，這位軍事領袖所派出去的士兵，再也沒有任何一個人回來。

這場戰爭不用想，相信結果大家都已經猜到了，這位軍事領袖最後面對的只有自己、國家、人民全部被毀滅，很難想像一個因為憤怒而做的決定，導致一個強盛的國家命運被改變。

憤怒是思想的結果。生活中的一些小事，往往不能細想，與其越想越氣，不如把它拋在腦後，以保持心境的平靜。確立了這種意識，就能逐步實現控制憤怒，最後達到消除它的目的。

要動怒時，不妨花一點時間冷靜地描述一下自己的感覺和對方的感覺，以此來消氣。還可以試試推延遲動怒的時間。如果碰到某種情況總是動怒，那麼先克制十五秒鐘，然後照常發火，下一次克制三十秒鐘，以後不斷延長間隔時間，一旦意識到可以延遲動怒，人便能學會了自我控制，延遲也就意味著控制。經過多次練習，最終會完全消除憤怒。研究發現，最初的十秒鐘是最重要的，一旦熬過了這十秒鐘，憤怒便會逐漸消失。

控制自己就是平衡自己心理的能力，當自己意識到憤怒不是人的唯一本性時，便可以選擇愉快，而不是憤怒。

控制憤怒是十分重要的事，特別是當你處於顯赫地位的人面前；建議你把要解決的問題先放一邊，平靜的看待自己。不要以為發怒是多麼不可抑制、不可逆轉的事情，記住不要用發怒的方式來面對一切，因為這樣的方式只會毀了你自己。

虛榮者常被虛榮所奴役

虛榮心事實上就是扭曲了的自尊心。這一類型的人表面上虛榮，其內心深處就是心虛。表面的虛榮與內心深處的心虛，總是不斷地在鬥爭著；一方面在沒有達到目的之前，為自己不如人意的現況所折磨；另一方面即使達到目的之後，也唯恐自己衰敗而恐懼。一個人如果永遠被這兩方面的矛盾心理所折磨，心靈總會是痛苦的。

青蛙和兩隻大雁成為好的鄰居。牠們生活在一個水塘裡，一同捕魚蝦，一同戲水玩，成了形影不離的好朋友。可是，不知因為什麼原因，水塘裡的水越來越少，就快要乾涸了，這可怎麼辦呢？兩隻大雁商量，準備遷徙到遙遠的南方，因為那裡水草豐茂，魚蝦肥大。青蛙聽到這話可著急了，心想那我怎麼辦呢？要麼待在這裡渴死，還是要在向南遷徙的途中累死。於是，青蛙請求大雁帶著牠一起飛過去。大雁說，帶你走沒什麼問題，關鍵是我倆怎麼帶你啊？青蛙一聽，大眼睛咕嚕一轉，想出來一個好辦法，你們倆分別叼著一根木棍的兩端，我用嘴咬住木棍，咱們就可以一起飛行了啊！大雁就這樣把青蛙帶上了藍天，向南方飛去了。

牠們飛過高山、平原、草地、田野，目的地越來越近了。當牠們飛到一個村莊上空的時候，一群人發現了這個奇景。人們議論紛紛，不停地稱讚，多聰明的大雁啊！居然能想出這樣辦法，帶著青蛙飛行呢！青蛙聽到這些稱讚聲，心裡委屈極了，這主意明明是我想出來的啊，怎麼你們卻在誇獎大雁聰明呢？但想到一說出來可能會傷到和氣，因此就沒有開口。

他們又路過了一個村莊，議論的人更多了。大家都豎起大拇指，對大雁的表現高聲讚嘆，好聰明的大雁啊！好有智慧的大雁啊！這下青蛙實在忍不住了，張開嘴正想喊說：這是我想出來的主意啊！沒想到，剛一張開嘴，牠就掉了下去摔死了，牠什麼都來不及說了。

邀功、多話，喜歡表現自己，是這些虛榮心害死了青蛙，只是牠自己到摔在地上的那一秒鐘，仍然還沒有辦法明白這個道理。

世上絕不存在不愛慕虛榮的人。街頭流浪兒會因為多討得一枚硬幣而向同伴炫耀；幼稚園的孩子會因為老師的一句誇獎而嘻笑顏開。但是對於一個有良知的人，虛榮心會使他有意識地克服自身的許多弱點。愛好虛榮的人，為了證明自己比他人更能幹，會學習多種技能；為了能得到比別人更多的榮譽，會加倍努力工作。適度的虛榮心可以使我們的生活增加色彩。

虛榮心畢竟和進取心不同。雖然虛榮心也是對於讚揚的渴望，並在一定的時期和階段做出努力，向他人證明自己的價值。但是當虛榮心一旦得到滿足，就會輕浮起來，所以炫耀常常是虛榮心的表現形式之一。例如有些年輕人，不顧自己的經濟條件，穿衣必求名牌，實在沒能力便買件仿冒品也好。儘管心裡明知道是贗品，總還是不忘時時將商標露一露，以顯示自己的身分。所以虛榮心追求的是一種並不存在的，或者不可持續的光環或榮耀。而進取心則是為了達到事業上的某個目標，而做的鍥而不捨的努力，雖然它的目標也有階段性，但它必定具有持續性，而且是踏踏實實的，一絲不苟的。即使預定的目標一時無法達到，也絕不會虛假欺矇。

目標要明確也需要正確

父子四人來到草原打獵，他們的目標是野兔。在到達目的地，一切準備妥當、開始行動之前，父親向三個兒子提出了一個問題：「你看到了什麼呢？」老大回答說：「我看到了我們手裡的獵槍，在草原上奔跑的野兔，還有一望無際的草原。」父親搖搖頭說：「不對。」老二的回答是：「我看到了爸爸、大哥、弟弟、獵槍、野兔，還有茫茫無際的草原。」父親又搖搖頭說：「不對。」而老三的回答只有一句話：「我只看到了野兔。」聽了老三的話，父親高興地說：「只有你說得對。」

怎麼會是如此？因為只有老三的目標是野兔，這一點最明確。老大、老二的精力都已經被獵槍、野兔、草原、爸爸、哥哥、弟弟等等目標分散，而他們能夠放在野兔上的精力就只有老三的三分之一，甚至是六分之一。

這就是目標明確與目標模糊的差別，有了明確的目標，才會為行動指出正確的方向。事實上，漫無目標或目標過多，都會阻礙一個人前進的腳步。要實現自己的心中所想，如果不切實際，最終可能是一事無成。

夢想是每個人人生的動力，而目標明確則是啟動夢想的重要鑰匙，只要有了方向，生活態度與實際行動便會開始改變。

當人們付出無盡的辛苦之後，若是一無所得，探究其中原因，幾乎都是因為人們因目標不明確而不知不覺。這時，人們多半都不是朝著自己的目標前進，甚至是在「騎驢找馬」的狀態中，不斷地重新開始，無法累積成果。

一位哲學家在郊外的一家農場發現：所有新插的秧苗排列整齊劃一，就像是排過隊一樣。他不禁好奇地問農場主人如何辦到的。農場主人要哲學家自己取一把秧苗插插看。哲學家捲起褲管，很快地插完一排秧苗，結果竟然參差不齊。他再次請教農場主人，如何能插一排筆直的秧苗，農場主人告訴他，在彎腰插秧的同時，眼光要盯住一樣東西，朝著那個目標前進，即可插出一列筆直的秧苗。哲學家依言而行，不料這次插好的秧苗，竟成了一道彎曲的弧形，劃過半邊的水田。他又虛心地請教農場主人，農場主人不耐煩地問他：「你的眼光是否盯住一樣東西？」哲學家答道：「是啊，我盯住那邊吃草的那頭水牛，那可是一個大目標啊！」農場主人說：「水牛邊走邊吃草，而你插的秧苗也跟著移動，你想，這道弧形是怎麼來的？」

成功的果實有時就如同田裡的秧苗，你願意擁有一片縱橫排列整齊的漂亮成果，還是參差不齊、扭曲歪斜的結果？選擇前者，那麼就先要將你的目標明確下來。

在開始偉大志業的起點時，懂得確立每一個里程的目標絕對是重要的。沒有目標的人生或目標不斷飄移的人生，所得到的結果正如哲學家所插的秧苗一般。明確的目標是夢想實現的階梯，只有朝著確定的目標行動，才有成功的希望。

有一匹馬和一頭驢是好朋友，牠們同在一家磨坊共事。馬每天都在外面奔波運送，驢子則在屋裡推磨。

有一天，馬主人帶著馬出門旅行，若干年後，這匹馬回到了自己的故鄉。牠重回磨坊裡會見驢子朋友，談起這些年旅途的經歷：「你知道嗎？我經歷了浩瀚無邊的沙漠、高入雲霄的山嶺、凌雲的冰雪、熱海的波瀾，這些像神話般的境界……」驢子聽了大為驚奇，讚嘆地說：「你的經歷多麼豐富呀！那麼遠的路是我從未想過的！」

馬低下頭沉思了一下，隨後抬起頭笑著說：「事實上我們走過的距離是一樣的。當我不斷前進的時候，你同時一步也沒有停止過。我們不同的地方是，我與主人的每段歷程都有明確的目標，也始終按照一定的方向前進，最終我們走過了廣闊的世界。而你總是在蒙著眼睛的狀態下工作，始終沒有明確的目標，無論如何也不可能走出這片天地。」

目標在人生中所起到的作用，就像是水手手中的指南針，十字路口的路標，它會引導你向著正確的目標邁進。因此，有了目標也應該要注意到目標是否能正確地引領你。。

每個人都希望找尋到人生的目的與意義，最終實現自己的目標。然而，在人生的道路上，阻礙自己走向成功的往往不是艱難困苦，而是目標不正確。因為不正確的目標，原來的理想和生命的意義就會漸行漸遠，最終偏離了人生規劃，迷失了自我。因此，一個人不成功不是因為他不會選擇目標，而是不善於丟棄不正確、不適合自己的目標。

正確的目標是創造成功的基礎。人在一生當中精力旺盛的時間是有限的，但是在追求目標的時候，多數人是不考慮時間的，只是在一味地追求新的目標，不管它是否適合自己，是否正確。如果只是一味地看到新的東西、新的目標就去追求，就會非常盲目地把自己寶貴的時間浪費了。

所以，我們追求目標的時候，一定要經過理智的分析，選擇最適當、最正確的目標，然後痛快地做出決定，做好取捨，把不適合、不正確的目標丟棄，這樣才會以正確的目標為指引，從而全力以赴，直到成功。

蘇格拉底的「如何尋找最大麥穗論」，就是教導我們如何去選擇，在一塊麥田裡先走上三分之一的路，觀察麥穗的生長、大小、分布規律，在隨後的三分之一的田地裡選定一個相對最大的，然後從容走完剩下的三分之一，即使在這三分之一裡面還有更大的麥穗，按照規律來說也不至於令你太過遺憾了，總比一上來就匆匆選定，或者行程快結束了才胡亂抓一個，更具有科學性，更能使人心安理得。

「尋找最大麥穗理論」是選擇的技巧，也是放棄的技巧。因此，也同樣適合指導我們選擇目標。選擇正確目標的過程就是一個目標出現、初步確定、理智分析、不斷取捨、選擇正確、最終決定、為之奮鬥的過程。這一過程就是放棄其它的「麥穗」的過程。

第二章　不只盡力還要用盡全力

從某種程度上來說，盡力意味著效率。同樣的事情，在同樣的條件下，你付出的比其他人多，代表你的成效高於他人。然而這是問題的一個方面，不能將速度上升為絕對化的唯一標準。問題的另一個方面在於結果，就是一件事情你完成的如何，在多大程度上實現了預先設定的目標？

如果聯繫到這個層面來看，那麼似乎只有速度也不能讓人滿意了。

譬如一份報告，小張領先小王一個小時完成，看上去前者實力更勝一籌。然而細觀這兩份報告，其實小王才是優勝者。因為小張的報告不但毫無文采，且錯字連篇，完全達不到要求，而小王的報告文字優美流利通暢，超出了預期。你會發現其實速度快有時可能會滋生大意，只有將對完美結果的重視，充分融入到速度中，才能相得益彰。畢竟，結果的達成，才是一切最根本要義。

成功者都是重結果的人

你如果想獲得老闆的青睞，你就必須做出結果給老闆看。當你能夠展示出漂亮的結果的時候，沒有一個老闆會不欣賞你的能力。

很多人都抱怨自己不被重視，懷才不遇，卻不知道其實問題就出現在自己身上。一個人對工作沒有責任心，沒有熱情，不投入精力，這樣當然不會被老闆所青睞。

當然很多人認為，自己之所以得過且過，不付出心力，是因為老闆對自己不重視。既然老闆都不肯定自己的能力，那我們何必要勞心勞力做好工作呢？如果老闆重視我們，並且肯定我們的話，我們一定會好好工作，一定不會比任何人做得差。

但是是否想過，當你沒有任何成績，沒有任何成果展示給老闆看的時候，老闆憑什麼來信任你、肯定你，給你發展機會呢？所以，你如果想獲得老闆的信任，就必須做出結果給老闆看。當你能夠展示出漂亮的結果的時候，沒有一個老闆會不欣賞你的能力。

可見，要想成功你就不能只有夢想，必須得改變狀態，熱情地對待你的工作，最重要的是每一件事都要追求結果，不讓任何精力白白浪費。

而要做一個追求結果的人，就必須做到以下幾點：

1、必須要樹立結果心態

有結果心態才能讓自己時時注意到追求結果，讓自己的精力得到最恰當的運用，主動工作，立即行動，努力尋求各種解決問題的方法，面對任何困難都不會輕易放棄，不達目的絕不罷休。當結果心態確立後，你就會成為一個自覺的追求結果的人。

2、學會把目標描繪得清晰明白

把任務變成結果，訂定出切實可行的計劃，然後按照計劃去執行。

3、對所承擔的工作充滿責任感

主動的去承擔責任，吸收所在行業中的各種知識，在你的行業裡，全面性學習，持續不斷地自我成長，專精於自己所從事的領域，並竭盡所能瞭解專業領域的最新動向和知識。只有這樣，你才能輕鬆應對變革要求，圓滿完成交付的工作。

主動地去承擔責任，盡自己的力量去完成，這樣，你一定會成為同事所倚重的對象，一定會成為老闆最喜歡的員工。

4、要有良好的執行力，做一個主動的行動者

不要翻來覆去，猶豫不決，而要快速理清頭緒，開始行動。只有這樣，成功才會垂青於你，你的技能和判斷力才能得到錘煉！而且，行動一定要追求結果，要知道沒有結果的行動，只是毫無意義的精神和物質上的浪費。

5、需要具備執著的精神

不要害怕困難，不要害怕失敗，面對困難和失敗一定要堅持到底。世界上沒有一帆風順的事情，每一個人都會遇到挫折，遇到困難。失敗並不可怕，失敗能幫助你調整正確的方向，只要你吸取教訓，繼續努力，你就能夠度過難關，獲得成功。

6、你還需要學會使用正確的方法

正確的方法是達到目的的捷徑。它不僅節約了你的時間和精力，而且讓你在日常的工作中顯得卓越而有成效。

當你能夠做到這些的時候，你就會發現，你已經成為了追求結果的人，你已經成了老闆心中的重要人物，你的生涯會從此改變，你的前途自然也會越來越光明！

沒有結果就不能生存

我們是靠結果生存，我們不可能靠理由生存，沒有結果，我們就不能生存，這是亙古不變的。結果第一，理由第二，執行的目的就在於抓住結果，實現預期結果，沒有結果一切都不存在。

安德魯大學畢業後，在一艘驅逐艦上工作。

這艘艦艇是三艘姊妹艦中的一艘，它們出自同一家造船廠，來自同一份設計圖紙，在六個月的時間裡先後被配備到同一個戰鬥群。

派到這三艘艦艇上的人員來源也基本相同，船員們經過同樣的訓練課程，並從同一個後勤系統中獲得補給和維修服務。唯一不同的是，經過一段時間，三艘艦艇的表現卻迥然不同。

其中的一艘似乎永遠無法正常工作，它無法按照操作安排進行訓練，在訓練中表現也很差勁。船很髒，水手的制服看上去皺皺巴巴，整艘船彌漫著一種缺乏自信的氣氛。

第二艘艦艇恰恰相反，沒有發生過大的事故，在訓練和檢查中表現良好。最重要的是，每次任務都完成得非常圓滿。船員們也都信心十足，鬥志昂揚。

第三艘艦艇，則表現平平。

造成這三艘艦艇不同表現的原因在哪裡？

安德魯得出結論：因為艦上的指揮官和船員們對「責任」的看法不一。表現最好的艦艇是由責任感強的管理者領導的，而其他兩艘不是。

經過一段時間，這三艘艦艇都面對著同樣的設備、人員和操作問題。

表現最出色的艦艇秉承的責任觀是：無論發生什麼問題，都要達到預期的結果。而表現不佳的指揮官卻總是急於尋找藉口「發動機出問題了」！或者是「我們不能從供應中心得到需要的零件」。

沒有結果，就不能生存，這同樣是發展的道理。

我們不可能靠理由生存，沒有結果就不能生存是道理。責任是透過對行動結果的獎懲建立起來的，要建立一種對事不對人的執行文化，重要的不是討論失敗理由，而是針對結果建立起責任與權利對稱的機制。

你有千萬個理由，但重要的是要結果，執行的本質就在於抓住結果，實現預期結果，沒有結果一切都不存在。

如果不想做事的話，任何人都可以找理由不做，所以一旦決定，就不要沒完沒了地討論，而是要建立必勝的信念和決心，堅決執行，發展中的問題要在發展中解決。

任務並不是結果，熱衷於完成任務對付老闆，熱衷於尋找理由推卸責任，久而久之，就會出現一種局面：功勞大家爭，責任大家推。

我們要懂得一個基本道理：對結果負責是對我們工作的價值負責，而對任務負責是對工作的程式負責。執行是要結果而不是完成任務。我們永遠都要鎖定結果這一目標，而不是任務這一程式。

不是想要而是一定要

當有一天你的上司問你要某個結果時，你在執行前，不是考慮能不能成功，而是下定決心即使失敗也要執行，關鍵是建立必勝的信念和決心，堅決貫徹執行決策，盡最大力量獲得決策時所要的結果。

IT業界流傳著韓國三星集團總裁李健熙的一句名言：「除了妻兒，一切都要變。」這句話，也正是當年李健熙下定決心帶領三星集團勵精圖治、發奮改革的真實寫照。

一九八七年，李健熙從父親李秉哲手中接過三星集團這個大攤子，一九九三年開始重塑三星，並且提出了這個「除了妻兒都要變」的口號。

當時，李健熙決心給沉睡中的三星一劑猛藥，一個改革的信號彈。於是，變革就從改變上下班工作時間開始，將原來的「朝九晚五」變成「朝七晚四」，二十萬員工都將提前兩上小時上班。進行這種大規模的變革是會遇到很多方面的阻力，李健熙相信，如果沒有這個決心，振興三星的日子就會遙不可及。

三星人從此意識到「改革開始了」，很多人從以前的散漫的心態中恢復過來，開始利用早下班的時間學習外語、培訓進修，這些努力為日後三星集團擴展海外市場打下了堅實的基礎。

直到二〇〇二年年底，三星集團已經躋身全球IT行業前二十名，連一向驕傲的索尼都為之汗顏。

為了表明「一定要結果」，而不是簡單的「想要」，三星不惜將上班時間提前兩個小時，二十萬員工生活習慣從此改變。從中我們可以看出李健熙的變革決心之大。這就是結果心態的一個最好說明：優秀的成功者對結果不是「想要」，而是「一定要」！無論付出多大代價，都要達到。這就是一般人與成功者的區別。

肯德基炸雞的創始人桑德斯上校，退休時已經是六十五歲了，雖然他身無分文，卻下定決心要做出一番事業。

老上校不怕年老，到處推銷他的炸鷄秘方，希望有一家餐廳能接受他的方法。但是每次聽完桑德斯上校的介紹，十家有九家的餐廳老闆都對他的秘方嗤之以鼻。

然而，老上校對於自己鎖定的結果，不是「想要」，而是抱定了「一定要」的決心。在兩年時間裡，他被人拒絕了不下一千次，桑德斯上校卻仍然繼續努力著沒有放棄。最後終於有餐廳同意用他的炸鷄秘方。

很多人只看到肯德基成功以後的光環，卻不知道他們在成功前，曾經經歷過多少次的失敗。有多少人能承受這麼多次的失敗後，還是堅定了決心繼續努力下去。

關鍵時刻勇於往前站

生活就是一連串的推銷，我們需要推銷自己，如同推銷員推銷商品一樣。道理很簡單：如果你不懂去推銷自己，別人就不知道你，更不會知道你的優秀。不論我們現在從事何種職業，無論我們身居何種地位，其實我們每個人都在從事著一種職業，那就是「推銷」。我們無時無刻，不在推銷著一種世界上最偉大的產品—自己！推銷自己是一種才華、一種藝術，當你學會了推銷自己，你就把握了成功的秘訣。

任何一場舉世關注的競選活動，實際上就是候選人展示自我能力，力求得到多數人的肯定的過程。各黨派選出的候選人，必須展開歷時數月的爭取選票的競選活動，其中包括到各地競選旅行、廣泛會見選民、發表電視演說、進行電視辯論等。

相信大家都聽過毛遂自薦的故事：

戰國時代，趙國都城邯鄲被強大的秦國軍隊重重包圍，危在旦夕。

為了解救邯鄲，趙王想聯合另一個區域大國楚國共同抗秦。為此，他派親王平原君到楚國遊說。

平原君打算從自己數千名「食客」中挑選出有勇有謀的二十人隨同前往，可是挑來選去，只挑選出十九名。就在這時，有一位「食客」不請自來，自薦填補遺缺。他就是毛遂。

平原君上下打量了一番毛遂，問說：「你是什麼人？找我何事？」

毛遂說：「我叫毛遂，聽說為了救邯鄲你即將到楚國去遊說，我願隨你前往。」

平原君又問：「你到我這裡，有多久時間了？」

毛遂說：「三年了。」

平原君說：「三年時間不算短了。一個人如果有什麼特別的才能，就好像錐子裝在囊中會立刻把它的尖刺顯露出來那樣，他的才能也會很快地顯露出來。可是你待在我府中也住了三年，我還沒聽說你有什麼特殊的才能。我這次去楚國，肩負著求援兵救社稷的重任，沒有什麼才能的人是不能同去的。你就留下來好了。」

平原君的話，說得很坦誠。但毛遂卻充滿自信地回答說：「您說的不對，不是我沒有特殊才能，而是您沒把我裝進囊中。若早把我裝進囊中，我的特殊才能就像錐子那樣脫穎而出了。」

從談話中，平原君似乎覺得毛遂確有才能，於是接受了毛遂的自薦，湊足二十名隨從前往楚國。到了楚國，平原君與楚王談判。平原君詳盡地說了聯合抗秦的必要性之後，要求楚王儘快地派出援兵去解救邯鄲，可是楚王不出聲。他們的談判，是從清晨談到了中午，還沒有談判出結果。等在外面的二十名隨員，非常焦急。

毛遂此行因為是自薦而來，所以另外十九名隨員內心看不起他，總覺得他有些自吹自擂。這時候，他們想看看毛遂到底有什麼能耐，於是慫恿說：「毛先生，談判久久沒有結果，你進去問問究竟怎麼樣？」毛遂立即答應了。他緊緊按著腰中的劍，來到楚王的跟前說：「大王，楚、趙聯合抗秦，事在必行，這只是兩句話便可以議定的事情。可是，從早晨到現在總也商議不出個結果來，這是為什麼呢？」

毛遂的出現與責問使楚王很不高興。他不理睬毛遂，轉身生氣的問平原君：「他是什麼人？」平原君說：「他是我的隨員。」楚王氣憤極了，便轉身斥責毛遂說：「寡人正與你的主君議事，你算是什麼人，竟也敢上來插言！」楚王的話，激起了毛遂的滿腔憤怒。他抽劍出鞘，然後向楚王逼近兩步，大聲說：「尊貴的楚王，您之所以敢斥責我，不就是仗著你們楚國是個大國嗎？不就是仗著這時候圍在您身邊的侍衛人多嗎？不過，我現在告訴您，眼下在這十步之內，您國大沒有用，您人多也沒有用。您的性命就在我的手裡，您叫嚷什麼？」

經毛遂這麼一說，楚王嚇得滿頭是汗，不作聲了。

毛遂又說：「楚國是大國，應該稱霸於天下。然而，您骨子裡怕秦國怕得要死。秦國多次侵略楚國，佔領了你們許多城池，這是多麼大的恥辱呀！想起這些來，連我們趙國人都感到羞恥。現在，我們來聯合你們抗秦，雖說是為了解救邯鄲，同時也是為你們楚國報仇雪恨。可是，您卻這般怯懦。您這算是什麼大王！難道您就不感到慚愧嗎？」

在毛遂激昂的一席話面前，楚王慚愧得不知說什麼是好了。毛遂於是又說：「尊貴的楚王，怎麼樣？願不願意與我們趙國一起抗秦呀？」「願意！願意！」楚王於是應允。

楚、趙兩國簽訂了聯合抗秦的盟約之後，平原君一行人很快地回到了邯鄲。見了趙王，平原君說：「我這一回出使楚國，多虧了毛遂先生。他那三寸不爛之舌，致使得咱們趙國重過九鼎。」

毛遂的名字在趙都邯鄲便家喻戶曉了。現在這句成語常用來形容一個有才能的人，勇於向別人推薦自己。

有史以來，國人一直尊崇低調做人，認為在人前表現自己就是在炫耀，是沒有涵養、不懂謙虛的表現。人到底是該像深埋在土裡的寶藏一樣，等待別人來發掘，抑或像泉湧的活水，源源不斷，吸引眾人接近？

威廉・溫特爾說：「自我表現是人類天性中最主要的因素。」人生要活得精彩，就需要積極主動的自我表現。如果人的一生都在觀望等待，而沒有自己登台演出，那人生就會缺少光彩。積極地表現自我，並不是單純地向他人展示自己，還包括把自己表現給自己，這是一種積極主動的人生態度。

機會面前你要更勇敢

機會往往是唯一的，偶然的，不可重複。機會來臨的時候，許多人總在徬徨、猶豫，等到回過神來，機會已經溜走了。而機會對於成功者而言，就像蛋之於雞。沒有蛋就沒有雞，有了雞可以生出更多的蛋，如此循環下去，成功者變成更成功。成功者都是有智慧和善於運用智慧的人，從來不指望運氣的降臨。機會是個人的奮鬥與環境的條件契合所產生，機會不是命運，並非要靠「碰」才能得到。在機會面前不要猶豫，只有勇敢的抓住它，捕捉機會，把握機會，善用機會，才能使你在自己的人生道路上一次次的取得成功。

機會不相信眼淚，它與懶惰無緣。機會稍縱即逝，目光敏銳、勇敢果決者常常能獲得它。機會對任何人是平等的，能不能抓住它，主動權在每個人手裡。

中國有句古話：「機不可失，時不再來」。機會在人生中比不上「榮譽」那麼的光鮮亮麗，比不上「刻苦」那麼的沉重，但它是人生中最重要的轉捩點。

拿破崙，他原來只是一個小小的尉級炮兵，但他在革命軍前線指揮官面對土倫防守困難的時候，直接向指揮官薩利切蒂提出了新的作戰方案。在眾將軍苦無良策時，看見拿破侖的方案很有新意，就立即任命拿破侖為攻城炮兵副指揮，並擢拔為少校。拿破侖抓住這個機會，在前線精心謀劃，勇敢戰鬥，充分顯示出他的膽識和才智，最後攻克了土倫。他因此榮立戰功，被破格擢升為少將旅長，終於一舉成名，為他後來叱吒風雲，登上權力頂峰奠定了基礎。

「時機到來時，勇敢地抓住它。」這是拿破侖告訴我們的道理。

弗洛姆是美國一位著名的心理學家。有一天，幾個學生向他請教：心態對一個人會產生什麼樣的影響？他微微一笑，什麼也不說，就把他們帶到一間黑暗的房間裡。

在他的引導下，學生們很快就穿過了這間伸手不見五指的暗房。接著，弗洛姆打開房間裡的一盞燈，在這昏黃如燭的燈光下，學生們才看清楚房間的佈置，不禁嚇出了一身冷汗：原來，這間房子的下面就是一個很深很大的水池，池子裡蠕動著各種毒蛇，包括一條大蟒蛇和三條眼鏡蛇，有好幾條毒蛇正昂著頭朝他們吐信。

弗洛姆看著他們，問：「現在，你們誰還願意再次走過這個房間？」大家你看我，我看你，都不敢出聲。

過了片刻，終於有三個學生猶豫的站了起來。戰戰兢兢、如臨大敵般的踏入房間。

此時，弗洛姆又打開了房內另外幾盞燈，學生們揉揉眼睛再仔細看看，才發現在通道的下方裝著一道安全網。

弗洛姆大聲問：「你們當中還有誰願意現在就通過這個房間？」所有的學生都大膽的走過了房間。

弗洛姆笑著說：「我可以解釋你們的疑問了，這房間下方的毒蛇對你們造成了心理威懾，於是，你們就失去了平靜的心態，亂了方寸，慌了手腳，表現出各種程度的膽怯。」

其實，把困難看得太清楚、分析得太透徹、考慮得太詳盡，反而會被困難嚇倒，猶豫不決。以前有一種說法，說讀書人有經濟知識的人，往往不能賺大錢，因為他們對問題分析能力相對優於平常人，不過在投資風險裡，卻往往被自己的「能見度」嚇倒，故而縮手縮腳，最終失去了大好機會。

所以，在機會面前千萬不要害怕，不要瞻前顧後，成功者不一定都是智慧超人，但是一定善於抓住機會，不斷的擴大、發展自己的事業。抓住機會，需要的是當機立斷，優柔寡斷的人之所以大多事業無成，是因為他們總是在猶豫之間錯失良機。強者就是表現時機未到，耐心等待，時機一到，立即勇敢地抓住它。一個人一輩子，總會碰到許多機會，只是或多或少的問題。

總之，機會稍縱即逝，只有目光敏銳、勇敢果決者才能能獲得。在機會到來時，請不要猶豫，勇敢地抓住它吧！

跨越自我設限的藩籬

人生是一個過程，會遇到許多的事情，考驗著你的毅力與耐心。我們在生活中會有意無意的給自己的工作設置一個界限。那麼，結果是一旦不能突破，就會退縮到安全的界限內。還會安慰自己，並告訴自己：算了吧，自己的能力只有這樣，能這樣已經很不錯了。殊不知就這麼簡單的一句話，就是你成功與失敗的分界線。

有這麼一個故事，講的是一位推銷員，年營業額從四萬美元一下子爬升到十幾萬美元，很多人羨慕之餘紛紛向他請教。

他笑著回答說，那是因為他學到了一件事，才使得業績成倍數成長，就是學會如何訓練跳蚤。

你知道如何訓練跳蚤嗎？

在訓練跳蚤時，要先把牠們放到廣口瓶中，用透明蓋子蓋上。

起初跳蚤會跳起來撞到蓋子，而且是一再地撞著。但是，慢慢的你會注意到一件有趣的事，跳蚤會繼續跳著，但是久了之後，便不再跳到足以撞到蓋子的高度。

然後，你拿掉蓋子，雖然跳蚤繼續在跳，但絕對不會跳出廣口瓶之外。原因很簡單，牠們已經把自己的跳躍能力調節到瓶蓋的高度之下。

人也是一樣，不少人準備做一件偉大的事情，打破某個記錄或做出一項驚天動地的創舉。剛開始的時候，他們的夢想與野心十分遠大，但是在過程之中，不是時時刻刻都能隨心所欲，一定會有遇到瓶頸的時候，這是難免的。一旦遇到瓶頸了，心情難免沮喪、低落，親友或同事們消極的批評，更容易使自己受到影響，於是，開始認為自己的目標超過了自己的能力。最後認為自己能力不足，為自己的失敗找藉口，這完全就像跳蚤主動降低自己的跳躍能力一樣，想成功自然是不可能的，因此接受的只有失敗的結局。

但是，這位成功的推銷員，非但沒有受到消極的影響，反而為自己擺脫失敗的陰影而尋找對策。於是，他給自己設定一個目標，每當遇上瓶頸時，就激勵自己：「我一定要打破紀錄，成為世界上最優秀的推銷員。」

他要求自己每天都要賣出三百五十美元的商品，這種決心使得他的生意在一年之內增加了三倍。不僅如此，他還應用了這些「目標達成」和「跳蚤訓練」的原理，一舉成為美國著名的演說家和銷售訓練員之一。

其實，困難在我們的人生路上是無處不在、無時不在的，如果你只是一味逃避的話，那你將永遠無法前進。我們許多的人都有這樣的思想，一旦碰到了困難，總是輕易地放過自己，用各種理由來原諒自己，將自己放的遠遠的，唯恐自己受到什麼傷害，影響了自己的人生。為了還給自己一點信心，還美其名說：「退一步，海闊天空」來圓滑的原諒自己。久而久之，人生的路口只能是越來越少，希望也越來越渺茫，到最終甚至看不到出口。

人生不能沒有目標，沒有目標的人生是盲目的人生，是沒有激情的人生。你可以為自己的人生設定一個目標，有計劃地為自己的能力加碼，不要為自己的逃避找藉口，為自己開脫。堅信自己的既定目標，相信自己，只要自己努力，固守自己的目標，用心去開拓，去經營，不要給自己的人生設限，這樣你的人生將會風采無限！

不要給自己設限，你的人生就沒有限制。我們做事情時，常被我們自己打倒的，我們認為自己不能，所以我們辦不到。人之所以能，是因為相信能。我們看到別人開豪華車，住高級住宅羨慕不已。對別人說，你看人家多麼有錢，多麼闊氣。其實，你也是可以的，只要你努力。這個世界上沒有誰是僥倖成功的，都是經過刻苦努力的，沒有人能隨隨便便成功。沒有偶然，只有必然；沒有付出，怎有回報。財富是一個積累的過程，不是突然出現的結果。只要我們堅持，總有一天你會富有。

全力以赴就等於成功

我們常常會在假日早晨醒來時，覺得今天沒有什麼重要的事情急著做，於是東摸摸，西看看，就這樣糊裡糊塗過了一天，什麼事情也沒做。但是如果我們有一個非做不可的計劃時，不管怎樣我們都會做出一點成績的。這個普遍的經驗卻隱藏一個重要的道理：想完成某件事，就必須全力以赴。

大部分社會新鮮人，好像不知道職位的晉升，是建立在忠實履行日常工作職責的基礎上的。只有全力以赴、盡職盡責地做好目前所做的工作，才能使自己漸漸地獲得價值的提升。相反，許多人在尋找自我發展機會時，常常這樣問自己：「做這種平凡乏味的工作，有什麼希望呢？」

可是，在平凡的職業中、低微的崗位上，往往蘊藏著巨大的機會。只要把自己的工作做得比別人更完美、更迅速、更正確、更專注，動用自己全部的智力，全力以赴，從舊事中找出新方法來，才能引起別人的注意，自己也才會有發揮本領的機會，也才有可能滿足心中的願望。

不要只知道抱怨老闆，卻不反省自己。如果以後我們不是僅僅把工作當成一份獲得薪水的職業，而是把工作當成是用生命去做的事，全力以赴，我們就可能獲得自己所期望的成功。

成功者和失敗者的分水嶺在於成功者無論做什麼，都力求達到最佳境地，絲毫不會放鬆；成功者無論做什麼行業，都不會輕率馬虎。

許多人之所以失敗，就是敗在做事輕率這一點上。這些人對於自己所做的工作從來不會做到盡善盡美。

傑克在國際貿易公司上班，他很不滿意自己的工作，氣憤的對朋友說：「我的老闆一點也不把我放在眼裡，改天我要對他拍桌子，然後辭職不幹。」

「你對於公司業務完全弄清楚了嗎？對於他們所做國際貿易的竅門都搞懂了嗎？」他的朋友反問。

「沒有！」

「君子報仇三年不晚，我建議你好好地把公司的商業技巧、經營方式和公司營運之道完全搞懂，甚至如何修理印表機的小故障都學會，然後再辭職不幹。」朋友說，「你用公司的資源，當作免費學習的地方，什麼東西都會了之後，再一走了之，不是既有收穫又出了氣嗎？」

傑克聽從了朋友的建議，從此便專心工作，下班之後也留在辦公室研究相關資料。

一年後，朋友問他：「你現在許多東西都學會了，可以準備拍桌子不幹了？」

「可是我發現最近半年來，老闆對我刮目相看，最近更是委以重任，又升職、又加薪，我現在是公司的紅人了！」

「這是我早就料到的！」他的朋友笑著說：「當初老闆不重視你，是因為你的能力不足，卻又不努力學習；事後你專心本職，能力不斷提高，老闆當然會對你刮目相看。」

你工作的態度，往往會決定你生活的能量。在任何職場裡隨處可見這樣的人，他們的目標只是想過一天算一天，他們不斷地抱怨自己的環境，就像是一塊浮木，在人生之海上隨波逐流，能找到怎樣的工作，便擔任怎樣的職務，而且做事情能省力就省力。他們最高興的是午餐時間、發薪日以及五點鐘下班的時候。他們混過一天，回到家，一邊喝啤酒一邊看電視。難道這就是一切嗎？

在工作中應該嚴格要求自己，能做到最好，就不能允許自己只做到次好；能完成百分之一百，就不能只完成百分之九十九。不論你的工資是高還是低，你都該保持這良好的工作態度。每個人都應該把自己看成是一名傑出的藝術家，而不是一個平庸的工匠，應該帶著熱情和信心去工作，應該全力以赴，不找任何藉口。

第三章　朝著最深最遠大的目標

沒有人生的目標，只會停留在原地。沒有遠大的志向，只會變得慵懶，只能聽天由命，嘆息茫然。不想讓機會就這樣溜走，不叫青春就這樣逝去，只有靠志向和理想衝出迷茫的漩渦，嶄新的人生將會為你從這裡開始。

一個沒有目標的人就像一艘沒有舵的船，永遠漂泊不定，只會到達失望、失敗和沮喪的港口。成功者總是有目標，鮮花和榮譽從來不會降臨到那些像無頭蒼蠅一樣，四處碰壁的人身上。

有理想、有追求、有上進心的人，都有明確的奮鬥目標，知道自己活著是為了什麼。因而他的所有的努力，都能圍繞著一個比較長遠的目標進行，他知道自己怎樣做才是正確的、有用的。有了明確的奮鬥目標，也就產生了前進的動力。因而目標不僅是奮鬥的方向，更是一種對自己的鞭策。有了目標，就有了熱情，有了積極性，有了使命感和成就感。有明確目標的人，會感到自己很踏實，生活的很充實，注意力也會集中起來，不會被繁雜的事所干擾，幹什麼事都顯得成竹在胸。

沒有目標，人生沒有動力

一個人追求的目標越高，他就發展得越快，對社會也就越有益。目標是方向，方向明確就知道自己該做什麼，不該做什麼，知道自己的時間和精力該用在什麼地方，不該浪費在什麼地方，規避許多無謂的忙碌。

目標是力量，明確的目標讓人充滿生機和活力，閒人之所以無聊，是因為人生沒有目標，生活沒有動力。人活著，心死了，遊魂無所寄託，終日不知所為也。

喬治・巴頓還只是個七歲的孩子時，就有明確的目標了，他每天早晨都會以立正姿勢站立向父親行軍禮。

當巴頓十幾歲的時候，繼續盡自己最大的努力去實現自己的目標。如饑似渴的閱讀歷史上偉大軍人的故事，他研究波斯、希臘和羅馬的將軍，戰場的佈局和中世紀的戰爭。他的報告作業中也充滿了名譽、光榮和英雄主義的主題。

憑著自我的負責精神，巴頓在早年就知道生活中的獎狀，是要靠持之以恆的努力取得的。他完全是憑著刻苦努力從西點軍校畢業。同樣的，在他成名的過程中，他達到了軍隊中可提升的最高位置。

每個知道喬治・巴頓或是讀過有關他傳記的人，都會對他個人評價不同。但是，但都會贊同最重要的一點，那就是他是一個有意志的人。他會身體力行，實現自己說過的目標。

在NBA打過球的中國球員姚明在談到前進的動力時，坦言一個又一個目標就是激勵自己前進的動力。他說：「生活中有很多目標讓你總想去超越，有一個目標是很幸福的。開始打CBA有很多球星讓我想去超越，後來在奧運會又見識到更多，然後又打NBA，讓我深切的感受到天外有天，人外有人。這些都是我的目標，這讓我有無窮的動力去追趕和超越。」

所以，「目標」是一切行動的動力，更是決定成功的重要關鍵。實踐目標時只要記住「目標就在你的前方」，定能突破萬難，美夢成真！

心有多大，舞台就有多大

小溪的舞台是大海，駱駝的舞台是沙漠，駿馬的舞台是草原，企鵝的舞台是冰川。同樣，人生活在社會中，也需要有自己的舞台，我們需要舞台去展示自己的智慧和才華，然而舞台有大有小，有輝煌也有黯淡。縱觀古今中外，凡在自己舞台上演繹傳奇人生的人物，無不具有偉大的胸懷和高遠的心。

「大江東去，浪淘盡」，遠大的抱負造就了英姿煥發的英雄周瑜，也成就了他「羽扇綸巾，談笑間檣櫓灰飛煙滅」的功績。他將自己舞台放大到現在，至今仍影響著人們。

拿破崙說過：「我比阿爾卑斯山還要高大。」我們嘲笑他的驕傲，妄自尊大，但無法否定他獨吞世界的野心，造就了他對當時世界的影響。無論拿破崙的成功還是失敗，都推動了整個世界歷史的發展。

誰會想到一位小時候社會地位很低、很受歧視的黑人，能夠成為紐約州的州長。皮爾小時候就在心中樹立了一座巍峨的高山，長大後要當州長。四十年後，他成功了，他成就了一個完全屬於自己的大舞台，並且演出了自己精彩的人生。

「我要讓全世界每個家庭都有電腦。」一句話造就了一場電腦的改革，造就了世界首富比爾・蓋茲。偉大的夢想，壯闊的雄心，使得比爾・蓋茲在世界大舞台上充分展示了自己的表演天賦，他的產品影響全球也影響了未來科技的發展。

心有多大，舞台就有多大。只要我們每一個人都有一顆無邊的心，就會有一個屬於自己無邊的舞台。

越王勾踐被吳國軍隊打敗，給吳王夫差當奴僕，忍受奇恥大辱，三年後，勾踐被釋放回國，他立志血洗國恥，後終於使越國兵精糧足，繁榮昌盛起來，並一舉打敗吳國，成為春秋末期的霸主，正是其心志之故。

名揚天下，巴爾扎克在成名前，在書房的壁爐架上立了一座拿破崙的小雕像，在雕像的底部貼上一張紙條，上面寫著：「彼以劍鋒創其始，我將以筆鋒竟其業。」正是這誓言在支持他，才使他憑藉一顆能容納一切困難的心，艱苦奮進，忘我寫作以一顆博大的心鑄就了自己著作的舞台。

心有多大，舞台就有多大。讓你的心飛翔，讓你的心馳騁，以一顆無邊的心鑄就你無邊的生命的舞台，演奏出一曲你自己的生命之歌！

人生是從選定方向開始的

一個人有什麼樣的目標就會有什麼樣的選擇，有什麼樣的選擇就會有什麼樣的人生，一個人無論他現在多大年齡，真正的人生之旅，是從設定目標的那一天才開始的，以前的日子，只不過是在繞圈子而已。

非洲撒哈拉大沙漠中有一個叫做比塞爾的村莊，它地處一塊綠洲旁邊，被譽為沙漠中的一顆明珠，如今每年都有數以萬計的旅遊者來到這裡觀光遊覽。但當初若不是肯・萊文從這裡走了出去，並把它介紹給世人，恐怕這裡至今還不為人們所知。

因為在此之前，這裡的人沒有一個走出過沙漠；據說不是他們不願離開這塊貧瘠的土地，而是嘗試過很多次都沒有走出去。所以，人們就認為這裡根本就走不出去，也就沒有人再去嘗試了。

英國皇家學院院士肯・萊文來到這裡的時候，聽到別人這麼說，當然不相信，因為自己既然走得進來，就一定可以走出去。他用手語向這裡的人詢問原因，結果每個人的回答都一樣：從這裡無論朝哪個方向走，最後肯定還是會轉回原來出發的那個地方。

為了證實這種說法，肯・萊文做了一次試驗，從比塞爾村向北走，結果三天就走了出去。但是，比塞爾人為什麼世世代代走不出來呢？

肯・萊文非常納悶，最後他雇了一個比塞爾人讓他帶路，想看看到底是為什麼。他們帶了足夠半個月吃喝的水和乾糧，牽了兩隻駱駝就上路了。肯・萊文這回沒有帶指南針等現代設備，只是拄了一根木棍跟在那個比塞爾人的後面。

十天過去了，他們走了大約八百英哩的路程。在第十一天的早晨，他們果然又回到了比塞爾。這一次肯・萊文才終於明白：比塞爾人之所以走不出大漠，是因為他們根本就不認識北極星！

在一望無際的沙漠裡，一個人如果只憑著感覺往前走，只能走出許多大小不一的圓圈，最後的足跡十有八九是一個跑道的形狀。由於比塞爾位於浩瀚的沙漠中間，方圓上千公里沒有一點參照物，如果不認識北極星又沒有指南針，想走出沙漠，確實是不可能的。

肯．萊文在離開比塞爾時，帶走了一位叫阿古特爾的青年，就是上次他雇用的那個比塞爾人。他告訴這個青年，只要你白天休息，夜晚朝著北面那顆最亮的星星走，就能走出沙漠。阿古特爾照著去做，三天之後果然來到了大漠的邊緣。阿古特爾因此成為比塞爾的開拓者，他的銅像被豎立在小城的中央，銅像的底座上刻著一行字：「新生活是從選定方向開始的。」

沙漠中沒有方向的人，只能徒勞地轉著一個又一個圈子，生活中沒有目標的人，只能無聊地重複自己平庸而單調的生活。新生活是從選定方向開始的，要想開創不一樣的人生，必須從選定目標開始。只有越早明確你的理想，越早明確你的方向，才能越少走彎路。你要成為企業家，就不要朝著藝術家的方向前進，反之，你要成為藝術家，也沒有必要去做企業家做的事。

可見，目標對人生有多麼大的導向作用。成功在一開始僅僅是一個選擇，但是你選擇了什麼樣的目標，就會有什麼樣的成就，就會有什麼樣的人生。我相信，傑出人士與平庸之輩的根本差別並不是天賦、機會，而在於有無目標和目標的高遠與否。人生目標越是高遠，你的成就就會越大。仔細想想，生活中的很多人為什麼能夠取得非凡的成就？因為他們有非凡的目標，他們有非凡的志氣。

劉邦還是個市井無賴的時候，有一次見到秦始皇的儀仗隊，被那種規模和陣勢深深地吸引，於是在心裡設定了自己的目標：「大丈夫當如是也！」後來他斬白蛇起義，攻入秦都城咸陽，然後又一舉消滅了自己的對手項羽，終於登位稱帝，實現了自己的人生理想。試想，假如當初劉邦設定的目標並非是稱王稱帝，而僅是成為某個縣的縣令，那麼，我想他是無論如何也不可能成為大漢朝的開國皇帝的。

有了遠見就有了整個世界

一個人要放棄短識，把目光放在最遠處是需要很大的決心的，一個善於決斷的人，只要清楚自己想要什麼，通常都能夠得到。無論何種行業的領導者，只要他在做出決斷時知道自己的目的地在於何處，總能在這個世界上找到自己的一席之地。一個要想成就大事的人，不能沒有遠見，要把目光盯在遠處，確定自己人生的方向，用遠大之志激發自己，朝著自己的人生方向走下去。沒有這種品性的人，是絕對不可能成大事的，甚至連小事都做不成。

沃爾特•迪士尼有遠見想像一個這樣的地方，是一個充滿童話般的世界，孩子們歡天喜地，全家人可以一起在新世界探險，小說中的人和故事在生活中出現，觸摸得到，後來成為事實，在美國加州沃爾特•迪士尼創建了迪士尼樂園。

遠見跟一個人的職業無關，他可以是個貨車司機、銀行家、大學校長、職員、農民。世界上最窮的人並非是身無分文，而是沒有遠見的人。

但是，遠見就跟正確思維方式一樣，不是天生的，也無需我們生下來就具備看到機會和光明的能力。遠見是一種可以培養出來的本領，這種本領也可能被壓抑。對於一個有遠見的舵手來說，燈塔其實比速度更重要，因為如果沒有正確的方向，速度越快只會離目的地越遠。

我們知道，一個人只要有遠見，就具有改變人生的力量。雖然人人皆可達成，但有些人在實行時還是會發生困難。但對那些敢於克服困難的人來說，只要他們心中有了遠見，就好比在內心深處有了一盞明燈。

二十世紀四〇年代，加利福尼亞州有一家規模不大的自行車廠，由於第二次世界大戰的原因而生意很不好。這家工廠的一位老闆傑克看到了當時百業凋零，只有軍火是個熱門，而自己又與它無緣。於是，他把目光轉向未來市場。經過一番思考，他把自己的想法告訴了另一個合作夥伴。

這個合作夥伴問他：「改成什麼？」

傑克說：「改成生產輪椅。」

夥伴很不解，但還是按照傑克說的去做了。經過一番改造後，輪椅問世了。戰爭越來越殘酷，受傷的人自然也就越來越多，許多在戰爭中受傷成殘的士兵為出行方便，幾乎都買了輪椅。傑克的工廠很快就供不應求，新產品不但在國內暢銷，連國外也來購買。

合作夥伴看到工廠的規模不斷擴大，不斷獲利，在滿心歡喜之餘又向傑克請教：「戰爭快結束了，輪椅如果繼續大量生產，需求量可能已經不多。未來的幾十年市場又會有什麼需要呢？」

傑克反問說：「戰爭結束了，人們的想法是什麼呢？」

「人們對戰爭已經厭惡透了，希望戰後能安定的生活。」

傑克又說：「那麼，美好的生活靠什麼呢？要靠健康的身體。將來人們會把身體健康作為重要的追求目標。所以，我們要為生產健身產品做好準備。」

於是，生產輪椅的機械，又被改造為生產健身器材。

最初的幾年，銷售情況不太好。這時傑克和合作夥伴已經去世了，但是他們的子女始終堅信父親的思維，仍然繼續生產健身器材，結果不久健身開始流行。當時傑克健身器工廠在美國只此一家，獨佔鰲頭。傑克的兒子又根據市場的需求，不斷增加產品的品種和產量，擴大企業規模，使企業走向了更輝煌的成功。

一個人一生的成敗，全繫於這個人所持有多麼遠大的目光而決定的。同時，一個人意志力的強弱也有關鍵作用，具有堅強意志力的人，遇到任何艱難障礙，都能克服困難消除障礙。

掌握自己成為命運的舵手

人生如茫茫大海中的一葉輕舟，需要自己去駕馭。優秀的舵手，能夠牢牢把握人生的羅盤，輕鬆駛向彼岸。只要讓自己樹立遠大志向，保持高度自信，克服人性弱點，造就樂觀心態，掌控自我情緒，積極開拓人生，抓住機會，你就是一名真正的人生舵手。

有一個人在屋簷下躲雨，忽然看見觀音菩薩正撐著一把雨傘從身邊走過。這人連忙說：「觀音菩薩，普渡眾生吧，請帶我一程，以解救我淋雨之苦，如何？」觀音菩薩回答說：「我在雨裡，你在簷下，而簷下無雨，你無需我度。」於是，這人立刻跳出屋簷下，站在雨中說：「現在我也在雨中，該救我了吧？」觀音菩薩又說：「你在雨中，我也在雨中，我不被淋，因為有傘；你被雨淋，因為無傘。所以不是我度自己，是傘度我。你要想度，請找傘去。」說完便消失在雨中。

第二天，這人碰到了一件棘手的事，他又想到了觀音菩薩，便去廟裡祈求觀音菩薩。一進廟，發現廟裡觀音菩薩像前也有一個跪拜者，長得和觀音菩薩一模一樣。這人走上前去問說：「你是觀音菩薩嗎？」那位跪拜者回答說：「我正是觀音菩薩。」這人又問：「那你為什麼還要自己拜自己？」觀音菩薩笑著說：「我也遇到了難事，但我知道，求人不如求己。」

人總是認為冥冥之中命運之神在左右著自己的人生，因此總是求助於神佛，求助於他人。其實，在人生的波濤中，首先想到的應該是自己，而不應是別人。因為靠別人是靠不住的，只有自己最可靠，拯救自己的只有自己。

威爾遜是一位成功的商人，他從一個事務所小職員做起，經過多年的奮鬥，終於擁有了自己的公司，並且受到了人們的尊敬和羨慕。

一天，威爾遜從他的辦公大樓走出來，剛走到街上，就聽見身後傳來「嗒嗒嗒」的聲音；那是盲人用枴杖敲打地面發出的聲響。威爾遜楞了一下，緩緩地轉過了身。

那盲人感覺到前面有人，連忙打起精神，在一個背包摸索了半天，掏出一個打火機，放到威爾遜手裡，說：「先生，這個打火機只賣一美元，這可是最好的打火機啊。」

威爾遜聽了，嘆口氣把手伸進西裝口袋，掏出一張鈔票遞給盲人，「我不抽煙，但我願意幫助你。這個打火機，也許我可以送給司機」。

盲人用手摸了一下那張鈔票，竟然是一百美元！他用顫抖的手反覆撫摸著紙鈔。

威爾遜正準備離開，盲人卻拉住他說：「您不知道，我並不是一生下來就瞎的。都是二十三年前布爾頓的那次事故！太可怕了！」

威爾遜問說：「你是在那次化工廠爆炸中失明的嗎？」

盲人彷彿遇見了知音，連連點頭說：「是啊：是啊，您也知道？這也難怪，那次光炸死的人就有九十二個，傷的人有好幾百，可是頭條新聞！」

他可憐的說下去：「說起來我真可憐啊！到處流浪，孤苦伶仃，一頓沒一頓的，死了都沒有人知道！」他越說越激動，「您不知道當時的情況，火一下子冒了出來，彷彿是從地獄中冒出來的！想逃命的人都擠在一起，我好不容易衝到門口，一個大個子在我身後大喊：讓我先出去，我還年輕，我不想死！他把我推倒了，踩著我的身體跑了出去。我失去了知覺，等我醒來就成了瞎子，命運真不公平啊！」

威爾遜冷冷地說：「事實恐怕不是這樣吧？」

盲人一驚，用空洞的眼睛呆呆的對著威爾遜。

威爾遜一字一字的說：「我當時也在布爾頓化工廠當工人，是你從我的身上踏過去的！你長得比我高大，你說的那句話，我永遠都忘不了！」

盲人站了好長時間，突然一把抓住威爾遜，爆發出一陣大笑，「這就是命運啊！不公平的命運！您在裡面，現在出人頭地了；我跑了出去，卻成了一個沒有用的瞎子！」

威爾遜用力推開盲人的手，用自己手中精緻的棕櫚手杖敲了敲地面，平靜地說：「你知道嗎？我也是一個瞎子。你相信命運，可是我不信。」

同樣的遭遇，為什麼會出現兩種截然不同的結果呢？關鍵就在於，他們對身處逆境的承受力和對命運的理解迥然不同。把命運交給上天的人總被命運捉弄，自己把握命運的人則總是好運。

誰都想依賴強者，但真正可以依賴的只有自己。

找到適合自己的目標抓住

或許你不想創業，寧可為一家公司工作，或許你偏好寫作、當老師、從政、從軍等。不管你打算創業展現你的智謀和體魄，或替政府機關和私人企業工作，不論你的夢想是什麼，準則都是一致的。

你必須信任你自己，無論你做得怎麼樣，無論你選擇何種事業，在你開始一項計劃時先衡量得失。也許這種衡量得失的過程，就是靠大腦尋找合適自己夢想的過程，從中發現人生的契機。你可以規劃任何創業的夢想，但夢想必須要明確你想擁有什麼樣的事業？你如何規劃你的人生？你想從事何種職業？開創屬於自己的事業，無需為別人而工作，而是為我們自己在工作。假如你能選擇世界上任何一份職業，那是什麼職業呢？先不要在意別人的看法，你的家人、朋友、甚至是你的情人對你有所期待，但是你自己的期望是什麼呢？相信你自己的直覺豐富你自己的夢想，即使是能振奮起讓你對未來有希望的一點點夢想。心靈具備某種連理智都無法解釋的道理，不要去聽信阻礙你發揮潛力的聲音，然後大膽地隨夢想前進。

當然有夢想是一回事，能否去實現它又是一回事，別害怕自己的能力有限，也不要盲目。夢想行不通的時候最好另做打算，我們應該仔細想想自己的專長和嗜好，如果你覺得自己一無是處，那是胡說八道，天生我才必有用。要知道大部分成功的人士都不會認為他們自己是天才，但那並不意味老天沒有給予我們能力和種種天賦。

不要對自己說自己沒有才華，請記住你是有的！有時候人們容易把天才和艱苦混淆，有些資賦優異的人確實能輕而易舉地達到目標，如果所有的音樂家和作曲家都一定要和莫札特比較，那他們必定會很失望。有時候我們不能全然欣賞偉大的音樂家、名星、運動員、作家、藝術家和日進斗金的大企業家，憑藉努力發揮了他們的天賦的事實。有位名人曾經說過：「工作之前，唯一可以找到成功的只有在字典裡。」要擔心假如你有個夢想即使還僅僅是稍具雛型，大膽的去做吧！如果你還沒有夢想或者不怎麼確定的時候，我們就要牢記：「我們不是為了別人在奮鬥和努力，我們是為了我們自己在奮鬥和努力，我們要開創屬於我們自己的事業。」成功的過程固然有失敗和挫折，但是我們有信心有夢想我們就能更好，去展現和實現我們自己的才華和目標，夢想一定會帶我們飛向成功的。

想一想，什麼事是你想做的，什麼事可以令你既覺得輕鬆又樂在其中，什麼事是別人認為你做得很好的，這有助於你去認識到自己的才華，假如這些才華都運用在目標的追求上，成功的機會將不可限量。

第四篇

想改運，必須改變人格

一隻蜜蜂把一壺蜜送給天神，天神非常高興，答應送蜜蜂一個禮物，蜜蜂選擇了一根能置人於死地的毒針，天神答應了蜜蜂的請求，但是條件是蜜蜂刺了人之後，生命也隨之結束了。

是蜜蜂的命運太悲慘了嗎？

不是，是因為蜜蜂沒有做出正確的選擇，因此沒有得到好的命運。

是的，就如同那隻蜜蜂一樣，人的運勢也並非固定式的，你的運勢在於你的選擇，你的行動與你的人格。

第一章　快樂享受生活的每一天

每天為生活奔波忙碌，應該放慢一下腳步享受生活的美好。放慢生活的速度，在生活中感受藝術，在音樂中領悟生活；放假了，到郊外走一走，用心感受大自然的美麗；用愛心養一隻寵物，給自己一位忠實的朋友。每一天都有好心情，盡情享受生活的每一天！

成功與否，往往只是態度的差別。別再為昨天而流淚，勇敢些！生活對於勇士從不吝嗇，大膽憧憬吧！一切皆有可能。每天都用著好的心情，忘記過去從新再開始。

把逆境當成是上天的禮物

無論做什麼事情，都不可能一帆風順，有時候挫折和錯誤，反而使我們更加深刻地理解我們從事的工作內容，使我們收穫更多。

當我們處於逆境的時候，我們能逃避嗎？不能。

挫折擺在前進的路上，是讓我們運用智慧來克服的，我們只有在克服挫折的過程中得到成長。不要對迎面而來的困難表示厭惡和恐怖，相信逆境其實是上帝賜予自己的禮物，這份禮物只能接受並且需要細細去分析去琢磨，不要抱怨上天在故意整你，其實與困難同來的還有你的自信心和自尊心，你會發現當這個困難是你的囊中之物時，你獲得的遠比那些安逸的同伴要多很多。

曾有人做過這樣一個試驗，把一百個人分成A、B兩個組，A組的人所處環境舒適，可以打高爾夫球，有豪華轎車接送，打橋牌、吃西餐，總之，他們的一切需求和慾望都可以不費力氣地得到滿足。而B組卻無論做什麼都遇到了重重障礙。這樣過了六個月，A組的人整天昏昏然，精神疲倦，而B組的人卻精神抖擻，提出了許多新的想法。

俗話說：物競天擇，適者生存。逆境不過是社會淘汰機制下的一個關卡而已，是否能夠挺過去就要看自己的努力了。倘若你能堅持住逆境的考驗，那麼你就是在優勝劣汰的競爭中生存下來的那個強者，是上帝在幫助你成為優秀的人。所以說，當遇到逆境的時候，人生的分水嶺就出現了，有的人成功了，從此優秀成為了他的習慣；有的人放棄了，於是碌碌一生，默默無聞。

從大多數成功人的經歷中，我們可以發現，很多商機往往隱藏在逆境中，關鍵是看你是否能夠透過逆境的遮蓋，看到它們。

路德維希・蒙德學生時代，曾在海德堡大學和著名的化學家布恩森一起工作，發現了一種從廢城中提煉硫磺的方法。後來他移居英國，將這一方法帶到英國，幾經周折才找到一家願意和他合作開發的公司，結果證明他的這個專利是有經濟價值的。蒙德由此萌發了自己開辦化工企業的念頭。

他買下了一種利用氨水的作用使鹽轉化為碳酸氫鈉的方法，這種方法是他參與發明的，當時還不很成熟。蒙德在柴郡的溫寧頓買下一塊地，建造廠房。同時，他繼續實驗，以完善這種方法。實驗失敗之後，蒙德乾脆住進了實驗室，晝夜不停地工作。經過反覆而複雜的實驗，他終於解決了技術上的難題。

一八七四年廠房建成，起初生產情況並不理想，成本居高不下，連續幾年企業完全虧損。同時，當地居民由於擔心大型化工企業會破壞生態平衡，拒絕與他合作。

蒙德他不氣餒，終於在建廠六年後的一八八〇年取得了重大突破，產量增加了三倍，成本也降了下來，產品由原先每噸虧損五英鎊，變為獲利一英鎊。後來，蒙德建立的這家企業成了全世界最大的生產堿的化工企業。

所以說，當事情遇到不順的時候，一定不要輕易的放棄。要看清困難是什麼，是如何產生的，能否找出策略對應。如果經過分析以後發現真的是條死路，那麼也不必要非得在這一個生意樹上吊死，要及時地轉移目標，爭取把損失降到最小；也許這個轉移將給你帶來意想不到的收穫！

隨時隨地相信明天會更好

有希望在的地方，痛苦也成歡樂；有理想在的地方，地獄就是天堂。在每個人的心中都有一個美好的夢，但夢卻只給我們兩條路：要麼放棄、要麼繼續。然而只有一條路不能選擇：那就是放棄的路；只有一條路不能拒絕：那就是成長的路，這就是生活。每個人都有成就一些偉大的事情的夢想，可惜的是大多數人卻很少描繪自己理想中的未來，或很少真正認真地對待自己夢想中的明天。於是，他們學會了拋棄自己的夢想，只為現實生活而忙碌，而當他們在生活中受到挫折時，由於沒有夢想的支援，使得他們充滿了悲觀以及失敗感。只有那些能夠遠遠望見未來的人，能夠知道明天的自己必能從今日所有的種種束縛、質疑中釋放出來。這些能夠預見到事情的必然的人，同時也必然有能力去實現它們。這些人也是世界上最有價值、最有用處的人。

愛迪生六十七歲那年，苦心經營的工廠發生火災毀於一旦，他損失了不少於二百萬美元，這麼多年的精心研究也全部付之一炬。更令人痛心的是，由於那些廠房是鋼筋水泥所造，當時人們認為那是可以防火的，所以他的工廠保險投資很少，只有百分之十的理賠額度。

當他的兒子查理斯・愛迪生聽說這場災難之後，緊張地跑去找他的父親時，他發現父親就站在火場附近，滿臉通紅，滿頭白髮在寒風中飄揚。查理斯後來向人描述說：「我的心情很悲痛，他已經不再年輕，所有的心血卻毀於一旦。」可是他一看到我卻大叫：「查理斯，你媽媽在哪裡？」我說：「我不知道。」他又大聲說：「快去找她，立刻找她來，她這一生不可能再看到這種場面了。」

第二天一早，愛迪生走過火場，看著所有的希望和夢想毀於一旦，原本應該痛心絕望的他卻說：「這場火災絕對有價值。我們所有的過錯，都隨著火災而毀滅。感謝上帝，我們可以從頭做起。」

就在三週之後，也就是那場大火之後的第二十一天，愛迪生製造了世界上第一部留聲機。

夢想就是一種希望，夢想就是一種信念，夢想就會使你相信明天會比今天更美好。可能會有人說夢想是超現實的，是不切實際的，但是別忘了，愛因斯坦也曾被人指責太愛做白日夢。不要因為別人的幾句冷言冷語，而就此讓自己的夢想之火熄滅，夢想什麼是你自己的事情，自己的夢想是否適合只有自己知道，不要輕易遭受別人的否定就喪失信心。不要對夢想持一種鄙夷或不屑的看法，我們從童年到老年，誰也不能離開夢想而生活。當你遇到挫折的時候，想像一下你成功後的景像，這種放眼長遠、相信明天會比今天更好的信念，將會賜予你無窮的動力。

人之所以能，是相信能。任何的限制，都是從自己的內心開始的。對於那些真正擁有夢想並想辦法努力實現夢想的人，就是面對鐵窗石壁也不會悲觀失望。有夢想才能有所成就，所有偉大的成功者都能夠學會透過自我反思來調整自己的夢想。他們保持對價值觀的真誠，透徹地瞭解社會以及自身，而且他們能夠有效地管理自己的時間，充分發揮自己的才華，不斷激發自己的潛在能力。

現實生活中，我們每一個人都會遇到各種困難。能否成功，就要看這個人是能夠突破難關還是看到難關就絕望放棄。處在逆境之中的我們，如果心裡老是想著面前的困難，老是擔心自己的能力，那麼，就很難調整好自己的心態，很難使自己保持平和的心態和樂觀的態度，這樣的話，我們是難以順利找到解決困難的辦法的。那些不管怎樣的難關，都敢於突破，都想去努力奮鬥的人就一定能夠成功。就像在日常生活中，也有很多看似平常實則蘊含著深刻的真理的故事。

所以，給自己一些希望去大膽想像未來吧，給自己一些自信敢於去嘗試吧，也許這樣會有意想不到的奇蹟出現。自信有助於克服困難，而夢想則有助於我們保持這種自信，這是我們保持積極向上的動力。徒有信念而不去努力，徒有願望而不下功夫去實現，是不可能成功的。世上沒有免費的午餐，當我們有了樂觀的態度與實現的夢想之後，還要不忘堅定實現夢想的堅強意志與信心。只有透過實際的行動才能把自己的夢想變成實現，只有為夢想而付出了艱辛的努力才能得到成功，這樣才不會被挫折和失敗擊敗！

生活就像這杯濃酒，不經三番五次的提煉，就不會這樣可口！生活並不是一條人工開鑿的運河，不能把河水限制在一些規定好的河道內。一個人要是不經歷過人世上的悲歡離合，不跟生活打過交手仗，就不可能懂得人生的意義。勇敢的踏上人生的旅途吧。前途很遠也很暗，然而不要害怕，不怕的人的面前才有路。不要輕意的放棄生活，命運就是如此的讓你無助。你不妨睜開眼睛，放眼世界，你會發現原來生活是可以有希望的，只不過你自己不想去嘗試罷了。給自己一些信心去面對人生，也許會有不一樣的收穫。

不要輕意的放棄生命，因為生命是那麼的寶貴。人生之路難免會有一些風浪，如果你不去面對怎麼才會明白生活的滋味呢？選擇堅強的活著，敢於直視生活的黑暗，敢於搏擊命運的激流，用自己微弱的力量去尋找夢想中的那份美好。

不要放棄，就會有希望。人類最寶貴的遺傳，就是那種使我們善於夢想的力量。當一個人將自己從一切煩惱和痛苦的環境中解脫出來，在心中保持著對明天的美好的期望，積極投入到一種和諧、美麗、真誠的生活中，那麼，這個人便是一個幸福的人。

能夠給予也是另一種快樂

馬戲團的售票口處，約翰和他的父親在焦急地等待著。來買票的人很多，他們已經等了半個小時了，排了老半天，終於在父子倆和售票口之間只隔著一個家庭。這個家庭很特殊：他們有八個在十二歲以下的小孩。他們穿著便宜的衣服，看來雖然沒有什麼錢，但全身乾乾淨淨的，舉止很乖巧。排隊時，他們兩個兩個成一排，手牽手跟在父母的身後。他們很興奮地嘰嘰喳喳談論著小丑、大象、獅子，今晚可能是這些孩子們盼望已久的生活中最快樂的時刻了。

他們的父母神氣地站在一排人的最前端，這個母親挽著父親的手，看著她的丈夫，好像在說：「你真像個佩戴著光榮勳章的騎士。」而沐浴在驕傲中的他也微笑著，凝視著他的妻子，好像在回答：「沒錯，我就是妳說的那個樣子。」

賣票女孩問這個父親，他要多少張票？他神氣地回答：「請給我八張小孩的兩張大人的，我帶全家看馬戲。」

售票員說出了總共的價錢。這個人的妻子轉過頭，把臉垂得低低的。這個父親的嘴唇顫抖了，他傾身向前問：「妳剛剛說是多少錢？」

售票員又說了一次價錢。這個人的錢顯然不夠，但他怎能轉身告訴那八個興高采烈的小孩，他沒有足夠的錢帶他們看馬戲？

約翰的父親目睹了一切。他悄悄地把手伸進口袋，把一張二十美元的鈔票拉出來，讓它掉在地上(上帝啊，這本是買他們兩人戲票的錢！)。他又蹲下來，撿起鈔票，拍拍那人的肩膀，說：「對不起，先生，這是你口袋裡掉出來的！」

這人當然知道原因。他並沒有乞求任何人伸出援手，但深深地感激有人在他絕望、心碎、困窘的時刻幫了忙。他直視著約翰父親的眼睛，用雙手握住這個陌生人的手，把那張二十元的鈔票緊緊壓在中間，他的嘴唇發抖著，淚水忽然滑落他的臉頰，答道：「謝謝，謝謝您，先生，這對我和我的家庭意義重大。」

約翰和父親回頭坐上車回家，那晚他們並沒有進去看馬戲，但是也沒有徒勞而返。

二十美元是微不足道的，能夠用它買到的不過是一本書、一盒巧克力或者兩張馬戲團表演的門票。可是當約翰的父親把這二十美元給予另一個家庭時，它卻為那個家庭買到了快樂和一家人共用歡樂時光的幸福。

我們不是因為擁有無數的金錢而富有，而是因為把有限的錢分給了許多更需要的人，所以在他們的眼裡成為了富人。

國王對兩個乞丐說：「我要給你們機會重新做人，但是只有兩種選擇：一個人要整天給予，另一個要整天得到。你們要做哪種人呢？」

口齒伶俐的乞丐搶著說：「我當然要做得到的人。」

國王微微一笑。他轉過頭來問另一個：「你呢？」

這個人謙恭地答道：「如果能夠，我願意做給予的人。」

於是，國王讓那個想得到的繼續做乞丐，因為只有乞丐才天天渴望從別人那裡得到。另一個則得到了國王的饋贈，成為富有的人，只有這樣他才能天天將自己擁有的給予他人。

任何一個宗教都在宣導：施比受更有福。獲得是一種幸福，給予也是一種幸福，而且是持久的幸福。因為，為「獲得」而快樂，只是一個人獨享的快樂；為「給予」而快樂，則至少是給予者和接受者雙倍的快樂。只知道獲得的人是自私的，因為他們只希望不勞而獲，他們只知道索取，或者只知道等待別人放棄某些東西；懂得給予的人是偉大的，因為他們知道任何財富都不是只屬於一個人的，財富和物質的本性，就是要與人一起分享。

在物質方面，給予就意味著富有。一個人不是因為有很多錢財才算富有，而是他給予人很多才算富有。家財萬貫的吝嗇鬼，不肯給予別人一絲一毫，甚至不肯為自己花一分錢，那麼他與窮光蛋也沒什麼兩樣；但是，如果你只有十塊錢，卻捨得拿出一半給路旁的乞討者，那麼在他的眼裡，你就是個富翁。生怕喪失什麼東西的貯藏者，如果撇開他物質財富的多少不談，從心理學角度來說，他是一個貧窮而崩潰的人。不管是誰，只要他能慷慨地給予，他就是個富有的人。他把自己的一切給予別人，從而體驗到自己生活的意義和樂趣，從給予的行動中得到樂趣和滿足。

人總是希望有所得，以為擁有的東西越多，自己就會越快樂。所以，這人之常情就迫使我們沿著追尋獲得的路走下去。可是，有一天我們忽然驚覺：我們的憂鬱、無聊、困惑、無奈，一切不快樂都和我們的慾望有關，我們之所以不快樂、不幸福，是我們渴望獲取的慾望太強烈了。何不學會給予呢？給予別人他所需要的東西，你也就能得到更值得珍惜的財富。

既然選擇了給予，就不要因為別人忘恩負義而鬱鬱寡歡；找到快樂的唯一方法，就是施恩勿望報。當你擺脫世俗的物質觀念和斤斤計較的得失衡量，真誠做一個給予者時，你就能獲得了最大的快樂。

微笑面對世界讓愛傳播

人應該用笑臉來迎接眼前不如己意的人和事，這樣才會激發創造希望的力量，讓自己的生命發出光亮。

海倫・凱勒是聞名世界的美國盲聾啞女作家、教育家。一八八〇年她出生於美國阿拉巴馬州，一八八二年才兩歲的海倫因患猩紅熱兩耳失聰，雙目失明。從此陷入了無聲的黑暗世界。萬幸的是海倫並不是個輕易認輸的人，不久她就開始利用其他的感官來探查這個世界了。她跟著母親，拉著母親的衣角形影不離。她去觸摸，去嗅各種她碰到的物品，去模仿別人的動作。很快她就能自己做一些事情，例如擠牛奶或揉麵。她甚至學會摸別人的臉或衣服來識別對方，她還能聞不同的植物和觸摸地面來辨別自己在花園的位置。

七歲時，安妮・沙利文擔任她的家庭教師，從此成了她的良師益友，兩人相處達五十年。在沙利文的幫助之下，海倫一八九九年考入哈佛大學拉德克利夫女子學院，在大學期間寫了《我生命的故事》，講述她如何戰勝病殘，給成千上萬的殘疾人和正常人帶來鼓舞。如今這本書被翻譯成五十種文字，在世界各國流傳。幾年後她以優異成績畢業，此後又寫了許多文字和幾部自傳性小說，表明黑暗與寂靜並不存在，還曾經應邀去好萊塢主演電影。

自一九二四年成為美國盲人基金會的主要領導人後，海倫・凱勒成了卓越的社會改革家，到美國各地，到歐洲、亞洲發表演說，為盲人、聾啞人籌集資金。二戰期間，她又訪問多所醫院，慰問失明士兵，她的精神受人們崇敬。為了表示對這位沒有在盲聾啞的缺憾面前屈服的勇敢女士，一九五九年聯合國發起了「海倫・凱勒」世界運動；一九六〇年美國海外盲人基金會開始頒布「海倫・凱勒」獎金。由於其堅韌的精神和對世界關注殘疾人運動的貢獻，一九六四年海倫・凱勒被授美國公民最高榮譽——總統自由動章，次年又被推選為世界十大傑出婦女之一。

一九六八年六月一日這位一生與黑暗、寂靜和病痛鬥爭的勇士與世長辭。一九六八年她去世後，一個以她的名字命名的組織建立起來，即國際海倫・凱勒，該組織旨在與發展中國家存在的失明缺陷做鬥爭。如今這所機構是海外向盲人提供幫助的最大組織之一。

海倫・凱勒曾經說過，信心是命運的主宰，在黑暗的恐嚇下，在寂靜的孤獨中，在病痛的折磨下，她從沒有失去過信心，於是她成功的主宰了自己的命運，做到了連許多正常人都無法做到的事情，不僅讓自己被世界所認識、接受和崇敬，也深深地愛著這個世界。只要朝著陽光，便不會看見陰影。生活並沒有因為她看不到晴天而缺少陽光，也沒有因為她看不到花草樹木而缺少色彩，她的心中有一幅自己的美麗圖畫。

人生向來註定要和困難打交道的，我們每走一步都會遇到困難，時時面臨錯綜複雜的困難，處處感受到困難的威脅。我們經常聽到許多人在困難和挫折面前，總是抱怨命運不好或者不公平。然而再大的困境能比被剝奪了聽的權利、說的權利以及感受世界上所有美的權力更殘忍的嗎？處於困境之中，有些人屈服、灰心、放棄了，於是在困難中銷聲匿跡，成為了生活的犧牲品；但更多的人選擇了積極、樂觀和拚搏，把困難當作是上帝賜給他的禮物，在困境中走出了一條灑滿汗水、淚水甚至鮮血的路，他們是生活的強者。

俗話說：人生不如意十之八九，只有積極樂觀的心態才是我們獲得成功的基礎，記住你認識到你自己的積極心態的那一天，也就是你遇到最重要的人的那一天；而這個世界上最重要的人就是你！你的這種思想、這種精神、這種心理就是你的法寶，你的力量。

二戰期間，一位名叫伊莉莎白・康黎女士，在慶祝盟軍北非獲勝的那一天，收到了一份電報：她唯一的兒子戰死沙場。

那是她的最愛，那是她唯一的親人，那是她生命中所有的希望啊！她無法接受這個突如其來的事實，她的精神瀕臨崩潰。她痛不欲生，決定放棄工作，遠離家鄉，默默地了此餘生。

當她清理行裝的時候，忽然發現一封書信，那是她兒子未到達前線寫的。信上寫道：「請媽媽放心，我永遠不會忘記妳對我的教導，不論在哪裡，也不論遇到什麼災難，都要勇敢地面對生活，像真正的男子漢那樣，能夠用微笑承受一切不幸和痛苦。我永遠以妳為榜樣，永遠記住妳的微笑。」

她熱淚盈眶，把這封信讀了一遍又一遍，似乎看到兒子就在自己的身邊，那雙熾熱的眼睛望著她，關切地問：「親愛的媽媽，妳為什麼不照妳教導我的那樣去做呢？」

伊莉莎白・康黎打消了離鄉背景的念頭，她對自己說：「告別痛苦的手只能由自己來揮動，我應該用微笑埋葬痛苦，繼續堅強地生活下去。我沒有起死回生的能力改變它，但我有能力繼續生活下去。」

後來，伊莉莎白・康黎寫下了很多作品，她在《用微笑把痛苦埋葬》一書中寫道：「人，不能陷在痛苦的泥潭裡不能自拔。遇到可能改變的現實，我們要向最好處努力；遇到不可能改變的現實，不管讓人多麼痛苦不堪，我們都要勇敢面對，用微笑把痛苦埋葬。有時候，生比死需要更大的勇氣與魄力。」

生活中挫折、誤解、煩惱、憂愁時常侵擾著我們，我們生活在現實之中，自然要明白一個簡單的道理：一個人不能因為眼前，或者已經過去的不愉快，而錯過明天的希望。學會坦然處之，學會超越困境。生活就是生活，需要一種樂觀自信，一種勇氣；一種坦然寬容，一種平和自然，一種境界；需要一種心態、一種精神、一種品質、一種智慧、一種力量、一種情懷、一種真情、一種感動。

卡耐基說過：笑是人類的特權。微笑是最好的名片，笑能拆除你與別人之間無形的籬笆，讓彼此都敞開心扉；笑可以消除雙方的戒心與不安，以打開僵局。真正值錢的是不花一毛錢的微笑。

也許工作忙碌，讓我們為了事業上的煩心事笑不出來；也許生活無趣，讓我們為了雞毛蒜皮的煩惱而無法微笑。不管怎樣，首先給自己一個微笑，給自己一個愉悅的心情；給家人一個微笑，將快樂傳遞給家人；給朋友一個微笑，將生活變得美好。

第二章　擁有信心你就擁有世界

信心的原因很多，有生理的、環境的、家庭的或社會的等諸多因素，但主要還是個人心理原因。不相信自己的人們，如果連自己都不相信，又怎麼可能會有人願意相信你呢？

如果你一開始就給自己一個較低的定位，又怎麼能搶佔制高點呢？不管結果怎樣，試著相信自己，給自己一個機會，世界正在等著你去擁抱。

信心讓你擁有力量

就算是愛因斯坦、牛頓這樣的成功人士，也僅僅開發了他們大腦潛能的十分之一而已。大多數人的大腦潛能均被白白浪費了，因為很多人都在自我懷疑和自卑心理中束縛了自己潛能的發揮，他們不相信可以像別人一樣做出成功的事情。而實際上他們的聰明才智和別人相差無幾，這是多麼的可悲啊！所以，自信是激發自身潛能的最神奇力量。

一隻小老鼠從黑暗的房間中爬出，欣賞著高高在上、光芒耀眼的太陽。牠忍不住說：「太陽公公，你真是太偉大了！」

太陽說：「待會兒烏雲姐姐出來，你就見不到我了。」

一會兒，烏雲出來了，遮住了太陽。

小老鼠又對烏雲說：「烏雲姐姐，妳真是太偉大了！連太陽都被妳遮住了。」

烏雲卻說：「風姑娘一來，你就明白誰最偉大了。」

一陣狂風吹過，雲霧消散，一片晴空。

小老鼠情不自禁地說：「風姑娘，妳是世界上最偉大的了！」

風姑娘有些悲傷地說：「你看前面那堵牆，我都吹不過呀！」

小老鼠爬到牆邊，十分景仰地說：「牆大哥，你真是世界上最偉大的了！」

牆皺皺眉頭，十分悲傷地說：「你自己才是最偉大的呀！你沒有發現我就要倒掉了嗎？因為你的同類在我的下面打了好多的洞！」

確實，牆體已經有些頹壞，許多小老鼠正在牆角處探頭探腦。

每個人都有他值得肯定的地方，發現自身的長處，並將它們充分地發揮出來，那每個人的身上都將散發出迷人的氣質，並盡情享受自信帶給你的奇妙力量！

自信照亮你的一生

在波士頓有個棒球隊，一直只有很少的觀眾，由於支持他們的人很少，他們的表現也很差。但是，後來他們到了密爾瓦基，這裡的市民對這個新球隊的熱情十分高漲，棒球場擠滿了人，非常關心這個球隊，並相信這個球隊一定可以取勝。

市民們的熱情、樂觀與信賴，給了這支棒球隊極大的鼓舞，雖然是原班人馬，但是次年就幾乎躍登聯賽的首位。為什麼會有如此巨大的變化呢？這是因為觀眾的支持和鼓舞，讓球隊裡每個成員都充滿自信，他們因此而發揮了前所未有過的水準。

自信是什麼？自信其實就是信賴自己已經擁有足夠的能力取得所追求的價值，這些價值不斷地累積，到了足夠多的時候，便會感覺人生是成功快樂的。你的心中有沒有自信呢？你是不是還在為自己的容貌、家境、學歷等外在的客觀因素不夠完美而苦惱？你是否還在為自己沒有得到更好的機會而煩悶？快點找回你的自信吧！

偉人無一例外，都對自己擁有超乎常人的信心。凱撒有一次在船上遭遇暴風雨，艄公非常擔心，凱撒自信地說：「怕什麼？你是和凱撒在一起！」

一個擁有強烈信心的人，在團隊之中，更容易成為有號召力的人，也更容易獲得別人的信賴。

因此，即使你是一個剛剛開始規劃人生的青年，也應該從第一天開始，就賦予自己強烈的自信心。告訴自己：世界因你而精彩！

羅馬偉大的演說家西塞羅，在面對貴族「你不過只是一個平民」的嘲諷時，自信地說：「不錯，我只是一個平民，但我的貴族家世將因我而開始，而你的貴族家世將因你而結束。」

自信會創造出一個人自己都無法想像的奇蹟。我們必須明白，我們擁有一切不比別人缺少什麼。如果我們曾經懦弱或者退縮過，就應該把丟失的自信找回來。

自信原本就是一種美麗，而很多人卻因為太在意外貌和衣著，無端給自己帶來許多煩惱。無論是貧窮還是富有，無論是貌若天仙，還是相貌平平，只要你昂起頭來，自信就會使你變得充滿魅力，成為人群中特有的一絲亮色。

自信還可以發掘你所不知道的潛能。如果連自己都對自己沒有正確的認識，不相信自己有能力去做得更好，那怎麼能贏得別人的信任與尊重呢？在不斷的自怨自艾和自卑的狀態中，人會變得意志消沉，完全迷失自我。只有正確地認識自己，提升自我形像，肯定自己的能力，才有可能激發沉睡的力量，發揮自己的潛能，創造一番奇蹟。

相反，如果缺乏自信，往往導致自己掉進自卑的深淵中，總是懷疑自己、否定自己，認為自己一無是處。處於自卑狀態下的人往往不是缺乏做好事情的能力，而是沒有意識到自己具有這樣的能力。因此，一定要重新估計一下自己，發掘自己潛在的能量。自信，將使不可能成為可能，使可能成為現實。自信是成就偉業的先導，一個充滿自信的人，可以化平庸為神奇，化渺小為偉大，可以讓平庸無用的人創造出驚天動地的成績。

一個紐約的商人看到一個衣衫襤褸賣尺的推銷員，頓生一股憐憫之情。他把一美元放進賣尺人的盒子裡準備離開，但他想了一下又停下來，從盒子裡取了一把尺，並對賣尺的人說：「你跟我都是商人，只不過經營的商品不同，你賣的是尺。」

幾個月後，在一個社交場合，一位穿著整齊的推銷員迎上這位紐約商人，並自我介紹：「你可能已經記不得我了，但我永遠忘不了你，是你重新給了我自尊和自信。我一直覺得自己和乞丐沒什麼兩樣，直到那天你買了我的尺，並告訴我我是一個商人為止。」

推銷員一直把自己當作乞丐，不就是因為缺乏自信嗎？但是從紐約商人的一句話中，推銷員找到了自信，並開始了全新的生活。缺乏自信常常是性格軟弱和事業不能成功的主要原因。

自信是人們通向事業成功的階梯和不斷前進的動力。在許多偉人身上，我們都可以看到超凡的自信心。正是在這種自信心的驅動下，他們不斷以更高的要求來激勵自己，在逆境的黑暗中看到希望，在失敗的陰影中看到成功的光芒，鼓勵自己不斷堅持、不斷努力，從而獲得最終的成功。

正如法國啟蒙思想家盧梭所說：「自信力對於事業簡直是一個奇蹟。有了它，你的才能就可以取之不盡，用之不竭；一個沒有自信的人，無論他有多大的才能，也不會抓住一個機會。」正是這種自信的精神，讓他在逆境中從不屈服，在困難面前從不低頭，在挫折面前從不服輸，因而獲得一次又一次的成功。

自信是做任何事情都必須的要素，因為這是自己對自己的合理評價，是正確的自我定位。信心的力量是驚人的，相信自己，那麼一切困難都將不再是困難。自信是一種積極的品質，是促使人向上奮進的動力，是一個人取得成功而必備的、重要的心理素質。

自信是成功的基石，我們只有站在自信的起點上，才能一步一個台階的邁向成功的頂峰。只有不畏懼挫折、失敗和挑戰，擁有堅韌的態度和意志力，才能讓你的人生之旅最終走出風雨，充滿陽光。自信是一種感覺，一種心態，只有擁有自信我們才能懷著堅定的信念，走上成功的道路。

上帝給了我們每個人一顆蘋果，但卻在每顆蘋果上都咬下了一口，所以我們都有著這樣或是那樣的遺憾。但是蘋果的核心都是一樣的，那就是種子，就是自信，就是希望。我們沒必要抱怨外在的美醜和境遇的好壞，只要有一絲陽光和一滴雨水，就可以萌發新的風景。自信著、奮鬥著，你會發現生命因自信而精彩，生命因自信而燦爛。

勇於走出自己的路

詩人旦丁曾說：「走自己的路，讓別人說去吧！」許多偉大的想法，一開始在凡夫俗子淺薄的眼中，不過是妄想和癡夢，他們寧願守著現有的安逸生活一天天老去，也不願意承擔風險、經歷艱辛去追求新的幸福。這也許就是人與人的差別。燕雀安知鴻鵠之志哉！

思維的局限與否、對待人生的態度如何，將人分成了截然不同的類別，於是當生命走到盡頭時，有的人創立了輝煌的事業，有的人留下了不朽的英名，而有的人卻像落葉一般悄然隨風而逝，世界上幾乎沒有留下他的痕跡。

每個人都有自己的人生目標，每個人的思維方式也不一樣。所以，一旦選定了自己人生的目標，選定了自己想要的生活方式，就不要以別人的目標來衡量自己的價值，做自己喜歡做的事，讓自己夢想成為現實，堅持不懈，直到成功，這才是我們所想要的結果。盲目聽信別人的評論，不加思考的採納別人的觀點，只能導致自己無所適從，迷失最初的方向，最終一事無成。

有一天，父子倆趕著一頭驢進城，兒子在前，父親在後。半路上有人笑他們：「世界上還有比驢子還笨的蠢人嗎？有驢子竟然不騎！真是三頭蠢驢。」

父親聽了覺得有道理，便叫兒子騎上驢，自己跟著走。過了不久，又有人議論：「真是不孝子，年輕人體格健壯，自己騎著驢反而讓老父親走路！」父親一聽有道理，於是叫兒子下來，自己騎上驢背。

走了一會兒，又有人說：「這個當父親的怎麼這麼狠心啦！自己騎驢，讓孩子走路，不怕累著孩子？」父親連忙叫兒子也騎上驢背，兩個人一起騎著驢走。心想這下總該沒人議論了吧！誰知過了一會兒，又有人說：「那頭驢那麼瘦，兩人騎在驢背上，不怕把牠壓死嗎？這些人怎麼能這麼殘忍的對待動物啊！」

父子倆真是無奈了，騎也不是，不騎也不是，左右為難。最後父子倆把驢子四隻腳綁起來，一前一後用棍子扛著。在經過一座橋時，驢子因為不舒服，掙扎了一下，竟不小心掉到河裡淹死了！

很多人做的事就像這故事裡面的那個父親一樣，太過於在乎別人的看法。人家說什麼，他就聽什麼！結果呢？想做的事情全都沒有做成。一味地在乎別人的看法，只會給自己增加負擔，增加顧慮甚至會導致放棄自己的想法。每個人都有自己的命運，一味地聽從別人的評價，而不會自身加以判斷，只會導致失去主見、失去自我。人活得累，一小半源於生存，一大半源於攀比。無緣無故的將別人的標準強加在自己身上，只會導致自己成為生活的奴隸。這個世界，如果用理智去對待，將會是一個喜劇；如果用感情去對待；將會是一個悲劇。你是否真正能做到走自己的路，是否死要面子活受罪呢？你能走自己的路嗎？只有當你真正能做到的時候，你才會發現你是快樂的！

上天給了我們頭腦，就是讓我們用來選擇自己想走的路。不管別人有多麼不解，不管外界有多少質疑，能否走自己的路，要看你有沒有這個決心和勇氣。沒有任何人可以改變你的思維模式，瀟瀟灑灑地走自己的路，做自己喜歡的事，實現自己的人生價值，這才是人生最大的樂趣。

相信自己獨一無二

每個人心靈的成熟過程，都是堅持不斷的自我發現、自我探尋的過程。除非我們先瞭解自己，否則我們很難去瞭解別人。根據蘇格拉底的說法，「瞭解自己、相信自己」是智慧的開端。所以，無論遇到什麼情況，無論是別人的否定、詆毀還是失望，都要相信自己：「你是獨一無二的。」金子永遠不會成為石頭，這便是現代人對古老智慧的新詮釋。

而心靈的成熟過程，就是堅持不斷的自我發現、自我探尋、自我認識的過程。

由於二次世界大戰爆發，卡爾的工廠宣告破產。他大為沮喪，於是離開妻兒四處流浪。他對現狀無法釋懷，而且越來越難過，甚至想要跳河自殺。一個偶然的機會，他看到了一本名為《自信心》的書。於是他開始尋找作者，希望在那裡得到鼓勵和自信。

歷盡滄桑，他終於找到了這個作者。在他說完他的故事後，那位作者卻對他說：「我已經付出了無比的耐心，仔細的聽完了你的故事，我希望我能對你有所幫助，但事實上，我絕無任何能力幫助你。」他很絕望。但作者緊接著又說：「世界上確實有能夠幫助你的人，只不過那個人不是我，現在我唯一可以幫助你的是，立刻帶你去找那個人。」

於是作者把他帶到一面清晰的鏡子面前。

過了一會兒，作者用手指著鏡子說：「我介紹的就是這個人『卡爾先生』。在這個世界上，只有這個人能夠使你東山再起。除非你願意坐下來，徹底認識這位『卡爾先生』，否則，你只能跳到密西根湖裡。在你對這位『卡爾先生』充分的認識之前，你對於自己或這個世界來說，都只是個沒有任何價值的廢物。」那人朝著鏡子向前走了幾步，用手摸摸他長滿鬍鬚的臉孔，對著鏡子裡的人從頭到腳打量了幾分鐘，然後退幾步低下頭，開始哭泣。

幾天後，作者在街上碰見了這個人，他的步伐輕快有力，從頭到腳煥然一新，看來是很成功的樣子。「那一天我離開你的辦公室時，還只是一個流浪漢。我對著鏡子找到了我的自信。現在我找到了一份年薪三千美元的工作。我的老闆同意先預支一部分錢給我的家人。我現在將走回成功之路。」

沒有難題戰勝不了

我們經常會遇到一些難題，這種所謂的難題常常會給人造成心理上的壓力，從而導致一個人情緒低落，厭惡生活。

這樣不僅對問題沒有任何幫助，反而會使問題更糟糕。如果心態不好，那你就更不會把問題處理好了。

一九四六年四月，上光敏夫被推舉為石心島「芝浦透平」公司總經理。當時，日本戰敗，百姓生計窘困，企業的發展更是困難重重，其中最大的困難就是籌措資金。即使是那些著名的大企業，資金也相當吃緊，更何況「芝浦透平」這種沒有什麼背景的小公司，就更沒有哪家銀行肯借錢給它了。上光敏夫擔任總經理不久，公司的資金就嚴重短缺了。為了籌措資金，上光敏夫不得不每天走訪銀行，四處請託。

有一天，上光敏夫端著便當盒來到日本第一銀行總行，與營業部部長—長谷種重川郎（後升為行長）商議貸款事宜。上光敏夫一來就擺出了不達目的誓不罷休的氣勢；長谷種重川郎則裝出愛莫能助無奈姿態。雙方你來我往，談了半天也沒談出結果來。

時間過得飛快，一看到疲倦的長谷種重川郎，好像有點要溜走的樣子，上光敏夫便慢條斯理地拿出了帶來的飯盒，說：「讓我們邊吃邊談吧，談到天亮也行。」硬是不讓長谷種重川郎與營業員走開。長谷種重川郎只好服輸，最終借給了他所希望的款項。

後來，為了使政府給機械製造業支付補助金，上光敏夫曾以同樣的方式向政府展開申請援助談判。於是在政府機關集中的霞關一帶，就傳開了「說客」上光敏夫的大名。

曾看過一本書，以前有一隻青蛙遇到乾旱，牠就想挖井找水喝，挖著、挖著，卻挖到一顆大石頭，牠覺得應該不可能挖出水來，於事牠就放棄了，最後渴死了，可是誰知道只要把那顆大石頭搬開，水就湧出來了，所以緊要關頭不輕易放棄，堅持到底的話，絕望也就會成為希望。

面對放棄我們不該向它屈服，而是要勇敢的制服它，不要讓它阻礙我們的思想，不要讓它成為我們邁向成功的絆腳石。要記住，可能就在我們想放棄的那一秒鐘，就是堅持降臨在我們身上的那一刻，也是我們正要邁向成功的關鍵，所以在緊要關頭，不到最後一刻，請不要輕易說放棄！其實，每個問題都隱藏有解決的綫索。如果你對問題分析的夠深入，你就能很容易找出解決問題的方法。任何疑難問題最好的解決方法只有一種，那就是能真正切合問題的根本，而去求它的實際。並非把問題複雜化就是對問題的重視，這樣只能增加心理負擔，而起不到任何作用。

我們可以把問題簡單化，首先，仔細的想清楚問題的重點何在？其次，弄明白對方想要的又是什麼樣的結果？找出了問題的根本，知道了對方的心理需求，那麼解決問題的方法就能到，正所謂：「對症下藥」正是這個道理也！我們可以借助自身的實際條件，用足夠的智慧，努力找出自己能夠處理的角度，進而滿足了對方的心願，這也就攻破了所謂的難題。很多人總是在遇到難題的時候害怕，不敢去正視甚至是逃避，這不僅僅是懦弱，更是不負責任的表現。人啊！難免會遇到難題和不幸，只是人與人的理解方式不同而已。有的人在難題和不幸中尋找幸福；而有的人在難題和不幸中甘願沉淪。這就形成了人生觀、價值觀的不同。任何的難題和不幸在膽識、智慧和勇氣面前，都顯得那麼的微不足道。你為什麼不拿出一點膽識和勇氣把所謂的難題當作是一種挑戰呢？當你用自己的智慧，漂亮的攻克這個難題的時候，你戰勝的不僅僅是問題本身，你更戰勝了給你出難題的那個人。

朋友，何必緊鎖著眉頭呢？你要知道，陽光對每一個人都是慷慨的，天空對每一個人都是寬闊的，沒有人會成為你頭頂的烏雲。難題又算得了什麼？那些只是在向你的能力挑戰！自信一點，勇敢一點，拿出你的智慧和膽識逆流而上，誠如高爾基說的那樣：「讓暴風雨來的更猛烈些吧！」你的豪氣和瀟脫，你的冷靜和坦然迫使對方在心理上不得不接受你，你的自信和勇氣已經讓你成功了一半。

第三章　知足快樂的人獲得更多

求名則不愛其身，圖財則有損其身，貪得則病其身。知足則不會遭到損辱，知其止則可以避開危險，生命也可以長久了。

知足可以長生，知足可以常樂，這是大自然的定律。任何貪慾都會招來不幸，適得其反。因此，聰明的人應當「去甚、去大、去奢」，適可而止，只有這樣，才能獲得更長遠的利益與完美的生命。

請記住，不要為失去而流淚；學會知足，你會更幸福！

退一步海闊天空

身高一百八十公分的男子漢，面對著一個只有一百五十公分高，四十公分寬的小門時，你該不會總是抬頭挺胸地直接撞進去吧。

如果可以低身側腰，那麼就能順利通過，這就是凡事我們需要變通一下，換個方式，偶爾地放下狂妄自大的自尊，以虛心的態度適度退讓。

忍讓不是一件容易的事，有時需要我們放開胸襟，包容這世間的是與非。藺相如的忍讓氣度，使我們佩服，雖然廉頗一再挑釁，一再的加諸惡語，可是他的「先國家之急而後私仇」的境界，包容了這一切，避開了這一切。這絕不是怯弱，試想若沒有藺相如的忍讓大度，「將相和」又如何會成為佳話美談，試想藺相如若與廉頗爭鋒相對，寸利必爭，國何以得存？

忍讓，有時需要更多的意志和決心，人是感情最易衝動的動物，若不能堅守心靈最脆弱的最易受到傷害的地方，那麼心的舞台只會不斷縮小，反之亦然。司馬遷可謂忍辱負重，他承受了心靈和肉體上的最殘酷的打擊，但他終究還是寫成巨著《史記》，為何？憑得就是一種意志，一種韌性，這就是一種忍讓，是對困難和挫折最大的承受和忍讓。

項羽敗陣自刎江邊，若他懂得忍讓，又何愁東山難再起？林黛玉若懂得忍讓，又何至於以淚洗面，淚盡而亡！杜十娘若懂得忍讓，又何至於落得「花落江底香消亡」的局面！

人的生命旅途，坎坷難行在所難免，不論大門小門，都是要通過。不要僅取一種生命的方式，要學會變通，既要懂得昂首挺進，也要懂得側身彎腰，千萬不要一味的只有輕狂。所謂「一忍百事成，百忍萬事興」，說的也是這個道理。

忍讓與克制的反面：憂慮、煩躁、憤怒、毫無意義的斤斤計較，都是毫無益處，只能使我們的追求受到阻礙。對於一些瑣碎的煩惱，如果斤斤計較於其中，那將浪費我們多少時間與精力。對這些討厭的壞情緒，我們要學會忍受與克制。

雖然消極的自我克制與忍讓，並不能建立起我們嚮往的理想殿堂，但我們仍需為之努力。現實往往在你通往的理想聖殿的途中，設置若干令你絕望、令你痛苦的陷阱。有的人放棄了希望，失去了進入聖殿的機會；有的人變焦急、暴躁而沒有冷靜前行的理智，或孤注一擲或四處亂竄，最終也失去了進入聖殿的機會。這些人都沒有深刻理解和領會忍讓與克制的深義，因而也就無法獲取快樂，無法取得成功。

當懂得運用忍讓和克制，竭盡智慧與力量之後，你才得以穿越陷阱。而經歷了這一過程，體會了那種感受，帶著淡淡的喜悅和幽幽的懷想去品味那聖殿的光輝時，一種新的領悟、新的歡愉、新的柔情則將在智慧的光輝下發生。

為什麼要一再忍、忍、忍？豈不知，大丈夫能屈能伸，就像該裝糊塗的時候我們一定要裝糊塗一樣，該忍的時候我們也一定要忍。另外，你也要明白，忍並不是目的，而只是一種手段。我們是通過忍來消除矛盾，減少摩擦，最終達到成功。

忍讓是一種修養、一種德行、一種膽量。如果我們人人都具有寬容、忍讓的心態，那麼這個社會肯定會變得更美好，我們人與人之間的關係也肯定會變得更和諧。

「忍」曾被誤解過，有人以為它是意志軟弱、缺乏鬥志的表現。這實在只是毛皮之解，忍別人難忍之事，是堅強的表現。古人就是在心上放一把尖刃，造為「忍」字，說明在造這個字時，古人對「忍」字理解的十分準確。

事有可忍與不可忍之分，我們提倡「忍」，但並不提倡事事皆忍，如果凡事都不分青紅皂白的一忍了之，有時候則會既害人又是誤己。

人生不如意事，常十之八九，當我們在生活中遇到不如意、不順心的事情的時候，有意或無意中傷害別人的時候，為了營造和諧良好的人際關係，我們就要懂得忍讓之道。

放下是一種幸福

有一個富翁背著許多金銀財寶，到遠處去尋找快樂。可是走過了千山萬水，也未能尋找到快樂，於是他沮喪地坐在山道旁。這時候，一個農夫揹著一大捆柴草從山上走下來，富翁說：「我是個令人羨慕的富翁，可是我為什麼沒有快樂呢？」

農夫放下沉甸甸的柴草，舒心地揩著汗水說：「快樂也很簡單，放下就是快樂呀！」富翁頓時開悟：自己揹負那麼重的珠寶，老怕別人搶，總怕被別人暗算，整日憂心忡忡，快樂從何而來？於是富翁將珠寶、錢財接濟窮人，專做善事，慈悲為懷，這樣滋潤了他的心靈，他也嘗到了快樂的味道。

《大時代之世紀之戰》裡面有這樣一個故事：一老一少兩個和尚下山化緣，回來路上經過一條河，旁邊一位婦女因河水太深而過不了河，正在傷心難過，老和尚思索了一下將婦人揹過了河。過了河之後，老和尚放下婦人跟小和尚一起繼續趕路。一路上兩人都沒有說話，快到山上的時候，小和尚終於忍不住了，於是就問老和尚：「男女授受不親，你怎麼可以揹那個女人過河呢？」老和尚說：「我在河邊已經把她放下了，為什麼你到現在還沒放下？」

無論對錯，過去的事情終究已成過去，如果我們只記得過去，活著會很累。在事情過去之後，我們應該學會忘記，否則我們就會像那小和尚那樣，一路都走得很辛苦。

「人生不如意事，常十之八九」，這是我們在日常生活中遇到挫折時常發的感慨。的確，縱觀芸芸眾生，有誰能一生都活得春風得意，一帆風順，無波無瀾？沒有。成人的世界背後總有殘缺，命運就如一葉顛簸於海上的小舟，時刻會遭受波濤無情的襲擊。「萬事如意」只不過是美好的祝福而已，在活生生的現實面前它顯得總是如此蒼白無力。因此，我們應學會忘記，忘記過去生活中不如意事帶給我們的陰影。不要輕易說「想要把你忘記真的好難」，不要固執地搖著頭說「痛苦的往事怎能說忘就忘」。只要退一步想一想，給人類帶來光明的太陽也有黑子，給我們以陰柔之美的月亮也有陰晴圓缺，我們就能漸漸忘記昨天生活給我們帶來的陰影，坦然地面對今天的太陽，微笑地迎接明天的生活。

也許我們曾經躊躇滿志，豪情萬丈，想大展宏圖，而生活的道路卻總是磕磕絆絆，崎嶇不平；也許我們樂於平凡，甘於淡泊，嚮往寧靜以致遠，而生活的海洋卻總不時揚起風浪。於是我們感到很累、很彷徨、很失意、很痛苦，而所有的這些煩惱，只緣於我們沒有學會「忘記」，總是對那傷心的昨天念念不忘，對過去的不如意耿耿於懷，使得寶貴的今天痛苦滿溢，讓憂傷佔據，並在渾然不覺中與今天失之交臂。

我們無法抗拒生命的流逝，就像我們無法抗拒每天太陽的東升西落。因此，我們應學會忘記。不要總把命運加給我們的一點兒痛苦，在我們有限的生命裡拿來反覆咀嚼回味，那樣將得不償失，百害無一利；一味地緬懷和沉醉其中，只能使我們意志薄弱，長此以往必然地導致我們錯失時機以至一事無成，如此惡性循環，也必然使得我們的痛苦與日俱增。

忘記昨天，是為了今天的振作。做大事業往往會為一時得失所羈絆，而成功人士都懂得應該怎樣讓昨天的慘敗變作明日的凱旋。

忘記煩惱，你可以輕鬆地面臨未來的再次考驗；忘記憂愁，你可以盡情享受生活賦予你的樂趣；忘記痛苦，你可以擺脫糾纏，讓整個身心沉浸在悠閒無慮的寧靜中，體味人生多姿多彩的繽紛。

忘記他人對你的傷害，忘記朋友對你的背叛，忘記你曾有過的被欺騙的憤怒、被羞辱的恥辱，你會覺得你已變得豁達寬容，你已能掌握住你自己的生活，你會更加主動、有信心，充滿力量去開始全新的生活。

學會忘記，忘記我們對他人的恩惠，因為我們不貪圖回報；忘記他人對我們的誤解，因為相信總有一天會水落石出，真相大白，冰釋前嫌。學會忘記，就像潮起潮落，花開花謝，雲捲雲舒，不必太在意。只要今天的我們在努力，我們就無愧於自己；只要我們活得問心無愧，我們就會覺得活得很輕鬆、很開心、很充實。

不會因貪婪富有

貪婪不只局限於對金錢的慾望，也有對權力的渴求。貪圖財富的人不會因為得到財富而滿足，貪慕權力的人也不因得到權力而遂願。貪婪的心就像一個神秘的黑洞，無論什麼東西裝進去，都不會留下任何痕跡，而且不斷地擴張慾望和目標。

貪婪始於自私，最初的願望也許只是頓飽餐，只以一夜好眠，但貪婪不會向後看，當豐衣足食後，轉而羨慕那些生活得比他更好的人，所以貪婪之心，是經常處於浮燥的狀態中，心靈永遠無法安寧。

貪婪者內心的道德，隨著慾望的增加而減少，而惡念則不斷的增加，所以貪婪是惡行的催化劑。每一顆貪婪之心都是希望能從石頭裡榨出油來，儘管戴著一付道貌岸然的面具，仍像水面上扭曲的蛇，隨時都可能在利益的刺激和誘惑下崩潰。如果一個人不能控制自己的慾望，也就失去了對邪惡抵抗的屏障。

貪婪雖然可以在理性和意志的力量下得到暫時的遏制，但終不能長久。只有從心靈上徹底戰勝它方可無憂無慮，知足才會遠離煩憂。

鯊魚媽媽帶著一隻小鯊魚，生活在深海裡。小鯊魚和媽媽一起覓食，逐漸學會了如何捕捉食物。媽媽對牠說：「孩子，你長大了，應該離開我去獨自生活。」鯊魚是海底的王者，幾乎沒有任何生物能傷害你，所以，雖然媽媽不在小鯊魚的身邊還是很放心，鯊魚媽媽相信，小鯊魚已經掌握了生存技能，一定會生活的更好。

幾個月過去了，鯊魚媽媽再看見小鯊魚時，小鯊魚正待在食物很豐富的海溝中，牠應該變得很強壯，可是奇怪，牠卻好像營養不良，很疲憊。鯊魚媽媽想不出究竟出了什麼問題，正要過去問小鯊魚，剛巧看見一群大魚游了過來，而小鯊魚也正準備捕食。鯊魚媽媽躲在一邊，看著小鯊魚隱蔽起來，等著魚群到自己能夠攻擊到的範圍。一條魚先游過來，已經游到了小鯊魚的嘴邊，絲毫沒有感覺到危險。鯊魚媽媽心想，這下好了可以飽餐一頓了，但出乎意料的是小鯊魚一動也沒有動。

鯊魚媽媽疑惑不解，越來越多的魚聚集過來了，可是小鯊魚卻還是一動也不動。牠盯著遠處直到魚剩下不多，這個時候小鯊魚急躁起來，兇狠地撲了過去，可是距離太遠，魚群們輕鬆擺脫了追擊。鯊魚媽媽追上小鯊魚問：「為什麼不在魚游到你嘴邊的時候吃掉牠們？」小鯊魚覺得很有道理地說：「媽媽，難道您沒看出來，後面還有很多嗎？」

鯊魚媽媽語重心長地搖搖頭說：「事情不應該是這樣的，慾望都是無法滿足的，但機會卻不是常有。貪婪從來不會給你更多，甚至將你的一切都奪走。」其實人又何嘗不是這樣，有些時候得不到的原因不是你沒努力，而是你的心太大。

人都有慾望，貧窮的人想變得富有，低賤的人想變得富貴，默默無聞的人想變得舉世聞名，沒有受過讚譽的人想得到榮譽，這是無可厚非的，但問題在於慾望和能力之間是必須成正比的。在慾望和能力之間產生嚴重不協調時，就必須抑制慾望的膨脹，或增加自己的能力。

世界上美好的東西實在不勝玫舉，我們總是希望得到盡可能得到更多的東西，其實慾望太多，反而會成了累贅。

利益面前要自制

利益本身不是一個貶義詞，爭取利益這件事本身並不與道德相悖離。在某種程度上，爭取自己的利益，是非常必要的舉動，懂得利益的本質和利益的獲取，不僅有利於個人的發展，對社會進步也將起到一種推動作用。

因此，爭取利益並不是壞事，而不擇手段、想方設法地爭取不屬於自己的利益也就絕非善行了。

有兩個饑寒交迫的人遇到了一位善心人士。其中，一個人要了一簍魚，另一個人要了一根魚竿，於是他們分道揚鑣了。得到魚的人原地就用乾柴搭起篝火煮起了魚，他狼吞虎嚥，還沒有品嚐出鮮魚的肉香，轉瞬間連魚帶湯就被他吃了個精光，不久他便餓死在空空的魚簍旁。看到這裡，你一定以為要了一根魚竿的人，從此以後有吃不完的魚，可以過著幸福快樂的日子，錯了。另一個人則提著魚竿繼續忍饑挨餓，一步步艱難地向海邊走去，可是當他已經看到不遠處那片蔚藍色的海洋時，他全身的最後一點力氣也用完了，他只能眼巴巴的帶著無盡的遺憾撒手人寰。如果當時兩個饑餓的人，他們沒有各奔東西，而是商定共同去找尋大海，他倆每次只煮一條魚，他們經過遙遠的跋涉，來到了海邊，從此兩人開始了捕魚為生的日子，結果當然不同。

這就是一個只看到眼前利益，而沒有看到長遠利益的故事。一個人只顧眼前的利益，得到的終將是短暫的歡愉；一個人目標高遠，但也要面對現實的生活。只有把理想和現實結合起來，才有可能成為一個成功之人。有時候，一個簡單的道理，卻足以給人意味深長的生命啟示。

我們是生活在一個由各種利益交織構成的世界裡，人類社會之所以有存在的必要，就在於人們之間相互需要，有著利益上的相互需求。

換句話說，一個人要想在這個社會中生存，就必須要進行利益的追求和交換。利益問題是每個人都無法迴避的，它向我們展示了生活最初也是最樸素的一面。在現實生活中，一切能夠給人帶來物質或精神滿足的東西，比如金錢、地位、名譽，都可以歸納為利益。

面對利益這樣一個無法迴避的現實問題，我們不能視而不見，也不需要漠視和醜化爭取利益的行為；但在爭取利益時請講求道德、講求誠信還要講求智慧。

有七隻猴子共同生活在山上，牠們唯一的食物是保育人員每天送來的一桶粥，但每天的粥都不夠填飽牠們的肚子。長此以往也不是辦法，最後大家坐下來共同商量。

猴甲曾經看見過人類經常採取抽籤的方法決定事情，於是建議分粥也採取抽籤的方式，大家覺得很好拍手同意。一連幾天，猴乙都沒抽中籤。猴乙心想：抽中籤的猴子能夠利用自己手中的權力多分一瓢粥。萬一我一直不能抓中籤，豈不虧了？於是牠建議採取輪流制度，猴乙的建議說到了眾猴的心坎上了。如此這般，大家都只有在自己值班的那一天吃的很飽，甚至是吃到撐。

沒過幾天，大家就推翻了這項制度。猴丙建議說，還是選個老大吧。你看山下的人，鄉有個鄉長，村有個村長，一桌人吃飯時還要選個桌長呢！猴丙的話得到了眾猴的一致擁護。於是牠們推選出德高望重、見多識廣的猴丁擔任猴長，具體負責分粥事宜。猴丁宣誓就職後，眾猴為了多分一口粥，紛紛使出渾身解數，拚命地去巴結猴長。這項措施的結果就是烏煙瘴氣，歪風盛行，怨聲載道。

最後猴群決定集體動腦筋，想出了一個大家都能信服的辦法。這個辦法就是：輪流分粥，但分粥的那隻猴子要等其他猴子挑完後才能拿剩下的最後一碗。為了不讓自己吃到最少的，每隻猴子只能在分粥時，儘量分配得平均。這就是一個成功的通過建立利益機制，控制各方力量的案例。

現實生活中，利益要正當取得，不能以損人的方式利己，要實現利益均衡，這才是永恆的和諧發展之路。

保持精神的寧靜

身處寧靜的山中，可以聽到泉水潺潺、鳥兒呢喃的聲音，將心放空，甚至可以聽到花開的聲音。因此，人只有在寧靜中才能發現世間原本被忽略的聲音，才能謙虛和諧，才能感悟到人生意義。想達到去留無意的人生境界嗎？唯有心靜才能達到！

從前，有一個帝王非常喜歡畫畫。有一天，他詔告天下，希望招募最能代表寧靜意境的畫，一旦選中即有重賞。於是全國的畫師們各個施展自己的才能，紛紛把自己最得意的作品送進皇宮，請皇帝鑒賞。皇帝認真的看了每一幅作品，有寂靜的山村，靜謐的黃昏，清幽的湖水……

結果，皇帝卻出乎意料地選了一個狂風大作、閃電雷鳴、山搖地動最具氣勢上的作品，並給予重賞。這使得許多大臣和畫師十分地不解，覺得此畫與皇帝要求表現寧靜的意境沒什麼關係。皇帝看出大臣和畫師們的疑惑，於是要求他們每個人仔細觀賞那幅畫。原來在雨幕中，在嶙峋山石的崖下有一個小縫隙，裡面有一個鳥窩，一隻小鳥正蹲在窩中，一副安祥閒適的樣子；這隻小鳥的安祥正好與外面翻雲覆雨的閃電雷鳴絲毫沒有關係一樣。

皇帝之所以選擇這幅畫，是想告訴世人，真正寧靜祥和，非要到沒有噪音，沒有人生活的地方才能找得到。其實，寧靜它是一種感覺，一種心態。當一個人身處逆境也能保持心中的澄澈，才是寧靜的真諦呀！

有修養的人必須不受外在的干擾，提高自己的道德修養。不對名利淡泊，就沒法確定自己的志向；在意外在的干擾，就無法進步。

一個遭受打擊對生活失去信心的年輕人，沮喪地去請教智者：「像我這樣的人，活著也是苟且，有什麼用呢？」智者聽完後彷彿沒事，對自己的學生說：「這位客人長途跋涉，你去備一壺溫水過來。」

過了一會兒，學生就提著一壺溫水過來了。智者抓了一把茶葉放進杯子裡，然後用溫水沏了一壺茶，放在年輕人面前說：「客人，請用茶。」年輕人喝了兩口，智者問：「客人，這茶如何？」年輕人搖搖頭說：「這是什麼茶？一點兒茶味也沒有呀。」智者微笑著淡淡的說：「這可是上好的鐵觀音呀，沒有香味嗎？」

於是，智者又把學生叫來：「你再去拿一壺煮沸了的水過來。」沸水送來後，智者起身，又取一個杯子，把茶葉放進去，稍稍朝杯子裡注了些沸水。年輕人俯首去看，只見那些茶葉在杯子裡上下沉浮，一絲細微的清香裊裊溢出來。

年輕人禁不住想去端那杯子，智者笑說：「客人稍候。」說著便提起水壺朝杯子裡又注了一縷沸水。年輕人再俯首看杯子，見那些茶葉浮浮沉沉得更雜亂了，同時，一縷更醇更醉人的茶香在房裡慢慢彌漫開來。智者如此反覆地添了五次水，鐵觀音的茶香飄滿整間屋子。

智者笑著說：「你可知道同樣的鐵觀音，為何前後的味道卻不同嗎？」年輕人想了想，說：「前面沏茶的水是溫水，後面沏茶的水是沸水。」

智者溫和地說，原因是用的水不同，茶葉的沉浮就不一樣。用溫水沏的茶，茶葉輕輕地浮在水之上，沒有沉浮，怎麼會散逸它的清香呢？而用沸水沖的茶，一次又一次，茶葉沉沉又浮浮，香味就在這沉浮中不斷地被釋放出來。

每個人的一生都如沏茶，那麼要想讓茶香四溢，我們就要用沸水不斷地沏泡自己，只有這樣自身的茶香才能被不斷地釋放出來。就如同每個人的一生，只有經過無數的挫折和淬鍊之後，才能激發出幽香！因此我們要去除焦躁和輕浮，保持內心世界的寧靜才能保持清新。

知足就可以常樂

求名則不愛其身，圖財則有損其身，貪得則病其身。知足則不會遭到損辱，知其止則可以避開危險，生命也可以長久了。

知足可以長生，知足可以常樂，這是大自然的定律。任何貪慾都會招來不幸，適得其反。因此，聰明的人應當「去甚、去大、去奢」，適可而止，只有這樣，才能保全自己的利益與生命。

從前有個人老是想著當地主，就請魔鬼幫忙，魔鬼告訴他：「在太陽下山之前，只要你能回到早晨出發的地點，途中經過的土地就是你的！」這個人立即出發趕路，恨不得一直走到海角天邊以獲得更多的土地，結果反而筋疲力盡活活累死了。這就是因為貪心不足，不僅一無所獲，反而失去了最寶貴生命的例子。這篇小說的名字叫《一個人需要多少土地》，小說的結尾是，人們在他墳前立了一塊碑，碑上大字赫然：「墓穴寬三尺，長六尺。」而這就是他最後得到的東西。

在人們熟知的《漁夫與金魚的故事》中，漁婆就是貪心不足的代表。開始只要一個魚盆，後來要一座小木屋，再後來是大房子、宮殿、女王，最後她要做全天下的女皇……就算是無所不能的神金魚，也無能為力，因為慾望的溝壑是永遠無法填滿的！

粗菜淡飯飽三餐，早也香甜，晚也香甜。知足常樂的人，不是沒有慾望，但他們善於克制自己的慾望而已。快樂的根本，珍惜擁有的一切，不忍丟棄。心裡手裡滿滿的，便沒有辦法騰出手和心來去攫獲更奢侈的東西了。

貪心就像是一條破了洞的大布袋，拿著他的人不知道，看到好的東西就往布袋裡放，一直放一直掉，當走到盡頭的時候，布袋裡一個東西都沒有。破洞的布袋就好像是人的「貪心」，沒有去補好，不管裝再多的東西，永遠都沒有滿足的時候。

知足，並不是不去努力，相反的，知足是對自己有相當的認識之後，知道自己的能力能達到如何的程度和境界，所做的一種達觀的認知，沒有真正經歷過「生活」的人無法體驗真正知足常樂的境界。

當人們沒有能力去「覺知」的時候，總是想要向外求，唯有懂得知足後，才會向內自省。人們總是覺得「不夠」，錢不夠多、衣服不夠多、時間不夠多，好像每天都在追求一種實質的東西，但是心靈上卻沒有充實的感覺，當人們停下來思索後，才發現已失去太多了。

裹屍布上沒有口袋，這是一位充滿善心的猶太富翁對別人問他為什麼把錢財散盡時的回答。即便窮奢極侈，能花得了多少？每個人只睡一張床，只有一張嘴，只穿一身衣，死了也是一口薄棺，一平方的泥土足以掩埋。這就是智者的思考，帶著清新自然而又豁達開闊的心境。知足是美好生活的前提！

國家圖書館出版品預行編目資料

想改運,就從改變自己開始 / 劉一新著. -- 初版. -- 臺北市 :
種籽文化, 2018.03
面 ; 公分

ISBN 978-986-94675-9-9(平裝)

1.成功法 2.生活指導

177.2 107002588

小草系列 18
想改運，就從改變自己開始

作者 / 劉一新
發行人 / 鍾文宏
編輯 / 編輯部
美編 / 文荳設計
行政 / 陳金枝

出版者 / 種籽文化事業有限公司
出版登記 / 行政院新聞局局版北市業字第1449號
發行部 / 台北市虎林街46巷35號 1 樓
電話 / 02-27685812-3傳真 / 02-27685811
e-mail / seed3@ms47.hinet.net

印刷 / 久裕印刷事業股份有限公司
製版 / 全印排版科技股份有限公司
總經銷 / 知遠文化事業有限公司
住址 / 新北市深坑區北深路 3 段 155 巷 25 號 5 樓
電話 / 02-26648800 傳真 / 02-26640490
網址：http://www.booknews.com.tw(博訊書網)

出版日期 / 2018年03月 初版一刷
郵政劃撥 / 19221780戶名：種籽文化事業有限公司
◎劃撥金額900(含)元以上者，郵資免費。
◎劃撥金額900元以下者，若訂購一本請外加郵資60元；
劃撥二本以上，請外加80元

定價：260元

種籽文化

種籽
文化